U0117472

陳福成著

陳福成著作全編

第五十八冊　台大教官興衰錄

文史哲出版社印行

國家圖書館出版品預行編目資料

陳福成著作全編 / 陳福成著. -- 初版. --臺北市：文史哲,民 104.08
頁： 公分
ISBN 978-986-314-266-9（全套：平裝）

848.6 104013035

陳福成著作全編

第五十八冊 台大教官興衰錄

著　者：陳　福　成
出版者：文　史　哲　出　版　社
http://www.lapen.com.tw
登記證字號：行政院新聞局版臺業字五三三七號
發行人：彭　正　雄
發行所：文　史　哲　出　版　社
印刷者：文　史　哲　出　版　社
臺北市羅斯福路一段七十二巷四號
郵政劃撥帳號：一六一八〇一七五
電話886-2-23511028・傳真886-2-23965656

全 80 冊定價新臺幣 36,800 元

二〇一五年（民一〇四）八月初版

著財權所有・侵權者必究
ISBN 978-986-314-266-9 08981

陳福成著作全編總目

壹、兩岸關係

①決戰閏八月
②防衛大台灣
③解開兩岸十大弔詭
④大陸政策與兩岸關係

貳、國家安全

⑤國家安全與情治機關的弔詭
⑥國家安全與戰略關係
⑦國家安全論壇。

參、中國學四部曲

⑧中國歷代戰爭新詮
⑨中國近代黨派發展研究新詮
⑩中國政治思想新詮
⑪中國四大兵法家新詮：孫子、吳起、孫臏、孔明

肆、歷史、人類、文化、宗教、會黨

⑫神劍與屠刀
⑬中國神譜
⑭天帝教的中華文化意涵
⑮奴婢妾匪到革命家之路：復興廣播電台謝雪紅訪講錄
⑯洪門、青幫與哥老會研究

伍、詩〈現代詩、傳統詩〉、文學

⑰幻夢花開一江山
⑱赤縣行腳・神州心旅
⑲「外公」與「外婆」的詩
⑳尋找一座山
㉑春秋記實
㉒性情世界
㉓春秋詩選
㉔八方風雲性情世界
㉕古晟的誕生
㉖把腳印典藏在雲端
㉗從魯迅文學醫人魂救國魂說起
㉘六十後詩雜記詩集

陸、現代詩（詩人、詩社）研究

㉙三月詩會研究
㉚我們的春秋大業：三月詩會二十年別集
㉛中國當代平民詩人王學忠
㉜讀詩稗記
㉝嚴謹與浪漫之間
㉞一信詩學研究：解剖一隻九頭詩鵠
㉟囚徒
㊱胡爾泰現代詩臆說
㊲王學忠籲天詩錄

柒、春秋典型人物研究、遊記

㊳山西芮城劉焦智「鳳梅人」報研究
㊴在「鳳梅人」小橋上

40 我所知道的孫大公
41 為中華民族的生存發展進百書疏
42 金秋六人行
43 漸凍勇士陳宏

捌、小說、翻譯小說

44 迷情・奇謀・輪迴、
45 愛倫坡恐怖推理小說

玖、散文、論文、雜記、詩遊記、人生小品

46 一個軍校生的台大閒情
47 古道・秋風・瘦筆
48 頓悟學習
49 春秋正義
50 公主與王子的夢幻、
51 洄游的鮭魚
52 男人和女人的情話真話
53 台灣邊陲之美
54 最自在的彩霞
55 梁又平事件後

拾、回憶錄體

56 五十不惑
57 我的革命檔案
58 台大教官興衰錄
59 迷航記、
60 最後一代書寫的身影
61 我這輩子幹了什麼好事
62 那些年我們是這樣寫情書的
63 那些年我們是這樣談戀愛的
64 台灣大學退休人員聯誼會第九屆理事長記實

拾壹、兵學、戰爭

65 孫子實戰經驗研究
66 第四波戰爭開山鼻祖賓拉登

拾貳、政治研究

67 政治學方法論概說
68 西洋政治思想史概述
69 中國全民民主統一會北京行
70 尋找理想國：中國式民主政治研究要綱

拾參、中國命運、喚醒國魂

71 大浩劫後：日本311天譴說
日本問題的終極處理
72 台大逸仙學會

拾肆、地方誌、地區研究

73 台北公館台大地區考古・導覽
74 台中開發史
75 台北的前世今生
76 台北公館地區開發史

拾伍、其他

77 英文單字研究
78 與君賞玩天地寬（文友評論）
79 非常傳銷學
80 新領導與管理實務

總序：陳福成的一部文史哲政兵千秋事業

陳福成先生，祖籍四川成都，一九五二年出生在台灣省台中縣。筆名古晟、藍天、司馬千、鄉下人等，皈依法名：本肇居士。一生除軍職外，以絕大多數時間投入寫作，範圍包括詩歌、小說、政治（兩岸關係、國際關係）、歷史、文化、宗教、哲學、兵學（國防、軍事、戰爭、兵法），及教育部審定之大學、專科（三專、五專）、高中（職）等各級學校國防通識（軍訓課本）十二冊。以上總計近百部著作，目前尚未出版者尚約二十部。

我的戶籍資料上寫著祖籍四川成都，小時候也在軍眷長大，初中畢業（民57年6月），投考陸軍官校預備班十三期，三年後（民60）直升陸軍官校正期班四十四期，民國六十四年八月畢業，隨即分發野戰部隊服役，到民國八十三年四月轉台灣大學軍訓教官。到民國八十八年二月，我以台大夜間部（兼文學院）主任教官退休（伍），進入全職寫作高峰期。

我年青時代也曾好奇問老爸：「我們家到底有沒有家譜？」

他說：「當然有。」他肯定說，停一下又說：「三十八年逃命都來不及了，現在有個鬼啦！」

兩岸開放前他老人家就走了，開放後經很多連繫和尋找，真的連鬼都沒有了，茫茫無垠的「四川北門」，早已人事全非了。

但我的母系家譜卻很清楚，母親陳蕊是台中縣龍井鄉人。她的先祖其實來台不算太久，按家譜記載，到我陳福成才不過第五代，大陸原籍福建省泉州府同安縣六都施盤鄉馬巷。

第一代祖陳添丁、妣黃媽名申氏。從原籍移居台灣島台中州大甲郡龍井庄龍目井字水裡社三十六番地，移台時間不詳。陳添丁生於清道光二十年（庚子，一八四〇年）六月十二日，卒於民國四年（一九一五年），葬於水裡社共同墓地，坐北向南，他有二個兒子，長子昌，次子標。

第二代祖陳昌（我外曾祖父），生於清同治五年（丙寅，一八六六年）九月十四日，卒於民國廿六年（昭和十二年）四月二十二日，葬在水裡社共同墓地，坐東南向西北。陳昌娶蔡匏，育有四子，長子平、次子豬、三子波、四子萬芳。

第三代祖陳平（我外祖父），生於清光緒十七年（辛卯，一八九一年）九月二十五日，卒於（年略記）二月十三日。陳平娶彭宜（我外祖母），生光緒二十二年（丙申，一八九六年）六月十二日，卒於民國五十六年十二月十六日。他們育有一子五女，長子陳火，長女陳變、次女陳燕、三女陳蕊、四女陳品、五女陳鶯。

以上到我母親陳蕊是第四代，到筆者陳福成是第五代，與我同是第五代的表兄弟姊妹共三十二人，目前大約半數仍在就職中，半數已退休。

寫作是我一輩子的興趣，一個職業軍人怎會變成以寫作為一生志業，在我的幾本著作都詳述（如《迷航記》、《台大教官興衰錄》、《五十不惑》等」。我從軍校大學時代開始寫，從台大主任教官退休後，全力排除無謂應酬，更全力全心的寫（不含為教育部編著的大學、高中職《國防通識》十餘冊）。我把《陳福成著作全編》略為分類暨編目如下：

壹、兩岸關係

①《決戰閏八月》②《防衛大台灣》③《解開兩岸十大弔詭》④《大陸政策與兩岸關係》。

貳、國家安全

⑤《國家安全與情治機關的弔詭》⑥《國家安全與戰略關係》⑦《國家安全論壇》。

參、中國學四部曲

⑧《中國歷代戰爭新詮》⑨《中國近代黨派發展研究新詮》⑩《中國政治思想新詮》⑪《中國四大兵法家新詮：孫子、吳起、孫臏、孔明》。

肆、歷史、人類、文化、宗教、會黨

⑫《神劍與屠刀》⑬《中國神譜》⑭《天帝教的中華文化意涵》⑮《奴婢妾匪到革命家之路：復興廣播電台謝雪紅訪講錄》⑯《洪門、青幫與哥老會研究》。

伍、詩〈現代詩、傳統詩〉、文學

⑰《幻夢花開一江山》⑱《赤縣行腳•神州心旅》⑲《「外公」與「外婆」的詩》、⑳《尋找一座山》㉑《春秋記實》㉒《性情世界》㉓《春秋詩選》㉔《八方風雲性情世界》㉕《古晟的誕生》㉖《把腳印典藏在雲端》㉗《從魯迅文學醫人魂救國魂說起》㉘《60後詩雜記詩集》。

陸、現代詩（詩人、詩社）研究

㉙《三月詩會研究》㉚《我們的春秋大業：三月詩會二十年別集》㉛《中國當代平民詩人王學忠》㉜《讀詩稗記》㉝《嚴謹與浪漫之間》㉞《一信詩學研究：解剖一隻九頭詩鵠》㉟《囚徒》㊱《胡爾泰現代詩臆說》㊲王學忠籲天詩錄。

柒、春秋典型人物研究、遊記

㊳《山西芮城劉焦智「鳳梅人」報研究》㊴《在「鳳梅人」小橋上》㊵《我所知道的孫大公》㊶《孫大公思想主張手稿》㊷《金秋六人行》㊸《漸凍勇士陳宏》。

捌、小說、翻譯小說

㊹《迷情・奇謀・輪迴》㊺《愛倫坡恐怖推理小說》。

玖、散文、論文、雜記、詩遊記、人生小品

㊻《一個軍校生的台大閒情》㊼《古道・秋風・瘦筆》㊽《頓悟學習》㊾《春秋正義》㊿《公主與王子的夢幻》51《迴游的鮭魚》52《男人和女人的情話真話》53《台灣邊陲之美》54《最自在的彩霞》55《梁又平事件後》。

拾、回憶錄體

56《五十不惑》57《我的革命檔案》58《台大教官興衰錄》59《迷航記》60《最後一代書寫的身影》61《我這輩子幹了什麼好事》62《那些年我們是這樣寫情書的》63《那些年我們是這樣談戀愛的》64《台灣大學退休人員聯誼會第九屆理事長記實》。

拾壹、兵學、戰爭

65《孫子實戰經驗研究》66《第四波戰爭開山鼻祖賓拉登》。

拾貳、政治研究

(67)《政治學方法論概說》(68)《西洋政治思想概述》(69)《中國全民民主統一會北京行》(70)《尋找理想國：中國式民主政治研究要綱》。

拾參、中國命運、喚醒國魂

(71)《大浩劫後：日本 311 天譴說》、《日本問題的終極處理》(72)《台大逸仙學會》。

拾肆、地方誌、地區研究

(73)《台北公館台大地區考古・導覽》(74)《台中開發史》(75)《台北的前世今生》(76)《台北公館地區開發史》。

拾伍、其他

(77)《英文單字研究》(78)《與君賞玩天地寬》（別人評論）(79)《非常傳銷學》(80)《新領導與管理實務》。

我這樣的分類並非很確定，如《謝雪紅訪講錄》，是人物誌，但也是政治，更是歷史，說的更白，是兩岸永恆不變又難分難解的「本質性」問題。

以上這些作品大約可以概括在「中國學」範圍，如我在每本書扉頁所述，以「生長在台灣的中國人為榮」，以創作、鑽研「中國學」，貢獻所能和所學為自我實現的途徑，以宣揚中國春秋大義、中華文化和促進中國和平統一為今生志業，直到生命結束。我這樣的人生，似乎滿懷「文天祥、岳飛式的血性」。

抗戰時期，胡宗南將軍曾主持陸軍官校第七分校（在王曲），校中有兩幅對聯，一是「升官發財請走別路、貪生怕死莫入此門」，二是「鐵肩擔主義、血手寫文章」。前聯原在廣州黃埔，後聯乃胡將軍胸懷，「鐵肩擔主義」我沒機會，但「血手寫文章」的

「血性」俱在我各類著作詩文中。

人生無常，我到六十三歲之年，以對自己人生進行「總清算」的心態出版這套書。

回首前塵，我的人生大致分成兩個「生死」階段，第一個階段是「理想走向毀滅」，年齡從十五歲進軍校到四十三歲，離開野戰部隊前往台灣大學任職中校教官。第二個階段是「毀滅到救贖」，四十三歲以後的寫作人生。

「理想到毀滅」，我的人生全面瓦解、變質，險些遭到軍法審判，就算軍法不判我，我也幾乎要「自我毀滅」；而「毀滅到救贖」是到台大才得到的「新生命」，我積極寫作是從台大開始的，我常說「台大是我啟蒙的道場」有原因的。均可見《五十不惑》、《迷航記》等書。

我從年青立志要當一個「偉大的軍人」，為國家復興、統一做出貢獻，為中華民族的繁榮綿延盡個人最大之力，卻才起步就「死」在起跑點上，這是個人的悲劇和不智，正好也給讀者一個警示。人生絕不能在起跑點就走入「死巷」，切記！切記！讀者以我為鑒！在軍人以外的文學、史政有這套書的出版，也算是對國家民族社會有點貢獻，對自己的人生有了交待，這致少也算「起死回生」了！

順要一說的，我全部的著作都放棄個人著作權，成為兩岸中國人的共同文化財，而台北的文史哲出版有優先使用權和發行權。

這套書能順利出版，最大的功臣是我老友，文史哲出版社負責人彭正雄先生和他的夥伴們。彭先生對中華文化的傳播，對兩岸文化交流都有崇高的使命感，向他和夥伴致上最高謝意。

台北公館蟾蜍山萬盛草堂主人　陳福成　誌於二〇一四年
五月榮獲第五十五屆中國文藝獎章文學創作獎前夕

那風光好美，那風雨好酸！（代自序）

人生充滿意外和不可計劃性，幼年進軍校本想成大功立大業，當大將軍率國軍部隊反攻大陸，解救同胞，統一中國。沒想到坐困野戰部隊死城十九年，差一點連自己也救不了自己！

我本來是被野戰部隊判了「死刑」，在野戰部隊已混到第十九年的老中校，走投無路之際，因緣際會來到台灣大學。不久，人生就大放光明，說來真是神奇！

先是《決戰閏八月》和《防衛大台灣》兩書出版，成了軍訓教官界的明星人物，被對岸軍事雜誌封為「台灣軍魂」；接著編寫大學、高〈職〉軍訓課程的《國家安全》，使全國年輕學子多少要讀些我的作品。當然，不久我就鹹魚翻身了。

寫作也會上癮，我不斷的寫，二十年來從未停筆，本書大概第六十幾本了〈尚不含十本軍訓、國防通識課程的部頒教科書〉。但是，對於學生軍訓制度和教官，我仍有許多不同看法，這本書是我的軍訓教官經驗。

書末附有兩個附錄，都只是歷史資料的保存，一者有關教官制度的各方論戰報導原在前軍訓處長謝元熙將軍的《文武合一教育之功能》一書；二者是台大軍官團紀錄，當年我們還是認真的做。

為何叫《台大教官興衰錄》，因為我目睹台大教官從我在校時的五十位教官，至今只剩孤零零的四人，若是一個也沒了，便叫「興亡錄」。

本書的出版動機，除了個人的一些人生經驗記錄，也還想保存若干「大歷史」之真相。在整體國家興亡，民族興衰的巨輪上，臺大教官或許僅是小釘子，我們這些「小釘釘」，仍是我的大歷史。

對於我在台大當教官那段歲月，雖只有五年，如今回憶，那風光，真好。而前面那一大段野戰部隊的風風雨雨，至今想起，還是酸的。〈台大退休主任教官陳福成草於二〇一二年春，台北蟾蜍山萬盛草堂〉

台大教官興衰錄

——我的軍訓教官經驗回顧

目　次

總教官李長嘯將軍（最前）與各主任教官、教官。前排左起：吳元俊、陳國慶。後排左起：許火利、陳福成、王潤身、陳梅燕、陳純貞（護理老師）。2001 年元月

前排左起：楊長基、總教官與夫人、陳梅燕、孫彭聲。
後排左起：張義芳、陳福成、許火利、王潤身、陳國慶、吳元俊、陳錫寬，2001 年元月

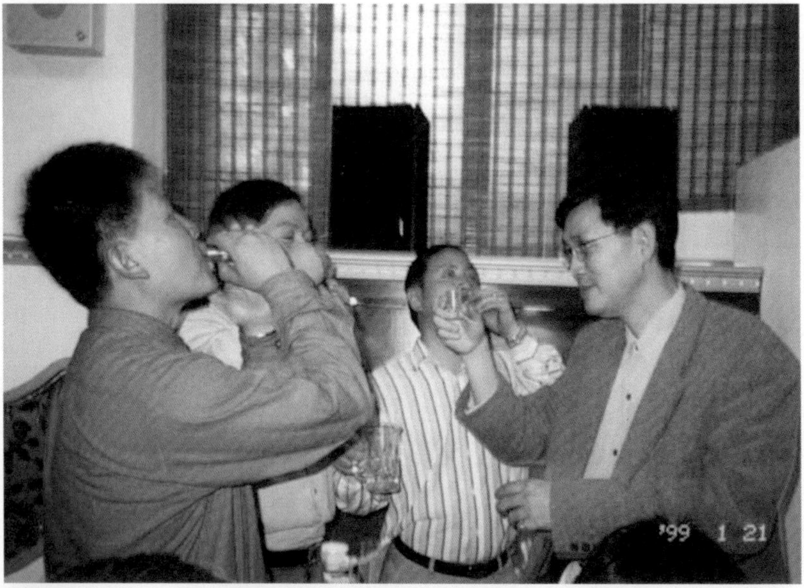

退休歡送。

左起：劉亦哲、唐瑞和、陳福成

左起：學務長何寄彭、軍訓主任黃宏斌、陳福成、組長秦亞平。

教官會餐

教官出遊

夜間部畢業同學（中）來獻花。
左起：蔣莊裕、陳福成、蔣先凰、組長秦亞平

登山。正中是登山會長顏瑞和教授

教官出遊

教官登山。左起：吳元俊、筆者、王潤身

教官退休仍參加學校很多活動

彭振剛先生（中）任主秘時，最照顧教官，他走了，永遠懷念他。

2007.11.台中新社

教官退休後仍參與學校活動或擔任志工

教官參加登山會

左起：陳君怡、曹祥炎、楊松麟

左起：廖文煜、賴明俊、劉達生、胡鴻銘

夜間部同學參加運動會。正後方三人是：
左起秦亞平組長、陳昌枬先生和筆者。

陳國慶（左）和張義芳（右）

筆者從台大退休大家歡送

筆者從台大退休大家歡送

四個主任教官：後站是許火利；左起：吳元俊、筆者、陳國慶

在山西風陵渡

到山西芮城訪友，在呂公祠

在山西洪洞根祖文化園區

第一章　我國軍訓教育的回顧簡述

──歷史不能丟光光

台灣最悲哀的地方，就是近二十年來以民主之名，行無法無天的胡搞，在野黨有能無權，執政黨有權無能，相互進行非理性撕殺！

這種結果倒霉還是整個社會和所有族群，全解體了，最嚴重的是全民得了「失憶症」，把過去光榮的歷史文化丟光光。軍訓教育只是被丟掉的一小塊，但對於曾是軍訓教官的筆者，那是很大一塊被無能的國民黨丟掉。（註：我認為軍訓教官面臨的局面，台獨份子政治操弄固然是原因，但國民黨的不敢堅持、無能是主因。）因此，在談《台大教官興衰》之前，我仍要回顧我國軍訓教育的光輝歷史，我們不能把歷史文化丟光光，那是我們走過的足跡和記憶。

有些書把我國的學生軍訓教育沿革，推到黃帝、三代或秦漢等，都太遠了，制度上沒有直接關係，理念上沒有因果關係，從民國開始最適宜。

壹、我國學生軍訓教育的沿革

一九一二年中華民國成立，教育總長蔡元培先生有「軍國民主義」論述，但內涵不清楚，時機也未成熟。到民國十四年，江蘇省教育會設「學校軍事研究會」，同年「中華教育改進社」年會，通過「實施軍事教育，以養成強健身體」為教育宗旨之一。陳啟天先生力主在學校實施軍事教育，並舉四大理由：

㈠軍事教育可以養成健全體格。

㈡軍事教育可以養成整齊習慣。

㈢軍事教育可以養成尚武精神。

㈣軍事教育可以養成自衛能力。

民國十七年爆發「五三慘案」，全國悲憤，當時大學院（教育部前身）在南京召開第一次全國教育會議，通過「中等以上學校軍事教育方案」，高中以上學生應以軍事科學為必修，女生應習看護。大學院設訓練總監部，考選軍事學校畢業學生為教官。省教育廳局內設立國民軍事訓練委員會，負責推行各省市高中以上學校學生軍訓。該方案明列學生軍訓的工作：

㈠運動及體育，多加時間，把近乎玄學的理論課減少，但職業科仍須兼重。

㈡兵式操，年在十五歲以上男學生，每早或每晚練習一次。

㈢星期遠足，男生每星期舉行一次。初時里程少，逐漸逐加。

㈣軍訓知識，每星期至少四小時。

㈤看護術，女生練習，男生可以不習。

㈥普通教育，傾向於軍事方面，例如地理注重軍事地理、軍事地圖；歷史注重民族競爭史、國恥史；科學兼重軍用機械軍事工程；文學多讀鼓勵勇氣的文章。

㈦校長教職員同甘苦，共守紀律，信賞必罰。以軍隊的生活為生活，以軍中的紀律為紀律。

政策即定，又有方案，各種法令規章、制度、組織當然要建立。從民國十七年到廿六年抗日戰爭爆發，有關軍事教官任用章程、軍訓教官服務條例。軍訓教育查閱章程、軍事教則、軍訓教育實施方式及管理辦法等，均日漸完備。重視文武合一教育理念，便成為教育救國圖存之風向。八年抗戰，學生軍訓在國家面臨強敵入侵，民族瀕臨生存關頭，堅定抗戰必勝信心，都發揮了決定性的作用，才使國家總體戰力得以凝聚。其後，號召知識青年從軍，群起響應，蔚成波瀾壯闊的愛國從軍運動，並在印緬戰區，創造了輝煌的戰果，這是我國學生軍訓最光榮的一頁，更改變了西方國家對我國軍的看法。

抗戰勝利後，中共早已乘機壯大。（按：八年抗戰中，毛澤東制訂「一分抗日、二分應付、七分壯大發展自己力量」，故中共並未抗戰，但大陸人民天天被洗腦，說抗日是中共打的，但近幾年來，這個謊言已快扯不下去了。）中共開始以各級學校為其另一鬥爭戰場，大專院校更是主要目標；其豢養之職業學生，乘機把持學校，製造事端，鼓動學潮，整個學校社會永無寧日。

大陸淪陷前，中共在各級學校製造無數的學潮，反政府示威不計其數，目的只有一個，配合武力搞垮國民黨和中華民國。例如以「反對校長」、「反對訓導」、「反對教授」、「反對會考」、「反美帝」、「反壓迫」、「反飢餓」、「反征兵」、「反內戰」⋯⋯無所不反，煽動各級學校罷課、示威、遊行、暴動⋯⋯不計其數，最知名者如昆明「一二一血案」、重慶「校場口事件」、北平「沈崇事件」、南京「五二〇事件」⋯⋯釀成校園動盪不安，打擊民心士氣，國民黨也拿不出對策（中共已有數百萬軍隊）。政府為求一時安定，對中共只好讓步再讓步，學生軍訓因而示微，終於導至整個山河變色，使中國到現在仍處於分裂狀態。

我敢很平實的說，假如民國三十八年之前這幾年，學生軍訓在各級學校能發生作用，學校能安心安定，社會必不至動盪。如此，大陸不會丟掉，國民黨或許還能穩住局面！

政府遷台後，痛定思過，鑒於文武合一教育，對民族盛衰影響深遠，各級學校必須維持安定，給學生一個良好求學的環境，於民國四十年決定恢復學生軍訓。

教育部與國防部會頒「台灣省中等以上學校學生軍訓實施計畫」，並由國防部選拔優秀軍官幹部十八員擔任軍訓教官。四十年九月，由台灣省八所師範學校先行試辦。

至民國四十一年四月，教育部公布「高中以上學校，學生軍事精神體格及技能訓練綱要」，同年九月預備軍官第一期開訓，是大專畢業生服預備軍官役的開始，這是新時代的開啟。

民國四十一年十月三十一日，中國青年反共救國團成立，學生軍訓工作遂由救國團負責主管。

民國四十二年七月，全省高中全面實施軍訓，專科以上學校亦於民國四十三年開始實施，我國學生軍訓恢復及建制於焉始定。民國四十九年國家建設逐步步入正軌，為使軍訓制度化，於是年七月一日明令學生軍訓移歸教育部主管，正式納入教育體系。

從民國四十九年至今（二〇一二年），已歷五十二個年頭，制度上始終在教育部體系內，且有完備的法令規章，但實際上軍訓這行業已是「夕陽工業」，未來不知何去何從！

自從大陸慘敗後，學生軍訓在台重建，希望能記取失敗的教訓。其間，國家雖面臨各種橫逆和中共統戰，校園始終能保持寧靜，學生在一個單純美好的學習環境中求學，是孩子的福氣，也是社會祥和的表現，直到「老番癲」李登輝開始搞台獨，一切都變了樣。

那老番癲如果好好當他的總統，好好在「一中」架構下促成兩岸關係，他現在是全體近十四億中國人心中一個「可敬的長者」，未來也可能是民族英雄。結果，老番癲是真的瘋癲，或者是不光榮的出身背景（他是日據時代倭國駐台警察和台女佣私通奸情所生的私生子），使他性情詭異。例如，他早年是共產黨員，背叛了共產黨；加入國民黨又背叛國民黨，身為中華民國總統卻又背叛中華民國，實際上他背判他自己，搞台獨使台灣內部完全分裂，台獨向大學校園滲透，使校園出現「反國民黨、反軍訓、反蔣」風潮，校園似有重回一九四九年前之情勢。

幸好小小的台灣島，再亂也能控制在一小範圍內亂，不至影響大局，但對「特定的學校」已失去控制力，連在國家的法律範圍內要求該校遵守制度的能力也沒有，這是我所說的「國民黨的無能」。因為這個「特定的學校」是台灣大學，當民國八十二年台大校園掛滿「教官滾出校園」布條時，當不久台大又把軍訓改成選修時，當台大凍結教官人事改「遇缺不補」時，這已不是「行政問題」，而是法律乃至政治問題。

但是又如何呢?教育部、國防部、行政院及執政的國民黨，那些當官的，那些高層大老都只是隔岸觀火，任台大教官自生自滅，台大才吃了熊心豹子膽敢「造反」。民國八十三年我到台大有教官四十多人，現有（本書開始寫作於二〇一二年春）剩四人，台大簡直把教官「做了」！這是後話。

貳、學生軍訓教育目標

學生軍訓實施至今快百年了，各時期教育目標自然有所不同。民國十七年五月，全國教育會議通過「中等以上學校軍事教育方案」，是年十一月國民政府成立訓練總監部，下設國民軍事教育處主辦軍訓事宜，策劃高中以上軍訓教育之實施。並依據中等以上學校軍事教育方案之提案精神，明訂學生軍訓教育目標有四：

㈠灌輸學生軍人精神。
㈡著重民族精神與愛國情操的培養。
㈢使學生習慣軍隊生活。
㈣培養學生軍人生活。

民國四十年後在台灣恢復軍訓教育，一方面對失敗教訓要記取，再者要面對新情勢、新的國家目標（反攻大陸），軍訓教育目標也有調整：

㈠傳授學生軍訓常識。
㈡發揚民族精神及固有道德。
㈢培養學生健全體魄與戰鬥精神。
㈣實踐規律戰鬥生活。
㈤協助學校照顧學生生活

任何制度必然要隨時代變遷而改進修訂，軍訓教育制度更是。台灣社會於民國七十六年解嚴後，社會脈動日益開放，個人價值多元化，軍訓制度存廢問題又浮出，加以政客操弄使問題失焦。前教育部軍訓處長謝元熙於七十六年十二月十九日在立法院，接受「大學軍訓制度存廢問題」聽證時，表示軍訓教官不管學校的人事、預算，與行政毫無關係，教官完全站在輔導、教學和協助學生的立場，對學校的和諧安定有正面作用。

為新的時代所需要，亦為更落實憲法第一五八條發展國民之民族精神、自治精神、國民道德、健全體格、科學及生活智能等，復再將軍訓教育目標修訂：

㈠振奮民族精神，激勵學生愛國情操。

㈡充實學生軍事知識，實現文武合一教育。

㈢陶鑄學生武德武藝，強種強國。

㈣培養學生良好生活習慣，陶冶高尚品德。

㈤保持校園安寧，維護學生安全。

環視各國，舉凡能稱大國、強國、現代化之國家，大體上重視「文武合一」教育，在各級學校仍有某種形式的「武德、武備」教育，名稱、內涵和方式不同而已。連中立國的瑞士，其國民凡年滿十八歲必須參加射擊訓練，使國民能振奮其武德精神，到了大學則有各種軍訓課程，大三大四間的暑假要受六週高級野營訓練。

兩次世界大戰瑞士均未受到戰火洗禮，因為侵略者不敢貿然出兵，瑞士的「全民皆兵」全民國防信念，侵略者評估會有更大的損失，和平安全乃得以維持。

參、結論

前台大校長傅孟真（斯年）先生在中學軍訓感言中曾說：「中國人至今多數還未曾感覺到國家之存亡與榮辱，如何影響到他個人之存亡與榮辱。」，「現在的中國學生應該知道國家需要執干戈以作捍衛，更應該知道他們的生死榮辱是和國家的隆污存亡分不開的」。又說：「平日的軍訓及集中軍訓，都不便僅僅看作當兵的訓練，中國本是不缺兵的，實在應該把它看作一種人格鍛鍊，靠此工程造就近代國家的負責國民。」

這是多麼沈痛和平實的良心之言，沈痛的是中國人自滿清時成為「東亞病夫」、次殖民地，到民國險些亡於異種倭寇，半個多世紀前大陸山河變色，敗退到此一小島，國民竟還不知不覺其存亡榮辱！豈不悲哀！

平實的是軍訓教育可以「造就近代國家的負責國民。」此言由一個台大校長說出，格外珍貴與真實。可惜後起的校長無此認知，欠缺民族精神涵養，竟把軍訓改選修，教官「遇缺不補」，如今只剩四位教官，不久，台大教官室恐要打烊了！

蔣經國總統（中）無預告巡視大專暑訓學生於操場

蔣經國總統（左）與成功嶺大專學生集訓會餐，右二為時任台北市長的李登輝先生，右一為陳孔良將軍（67年）

寒訓結訓典禮蔣經國總統校閱大專結訓學生，左為陳孔良將軍（中）

寒訓結訓典禮後蔣經國總統（著西服者）與大專學生親切問話，左二為朱致遠中將，左一為陳孔良將軍

暑訓結訓典禮蔣經國總統（著西服者）校閱大專結訓學生，左三為宋長志部長，左二為邱守圻中將，左一為陳孔良將軍

暑訓結訓典禮後蔣經國總統（中）巡視大專結訓學生，前排左二為教育部長李元簇先生，左三為陳孔良將軍

陸軍總司令辦附白村上將（中）巡視大專學生集訓情形，左為陳孔良將軍

大專學生集訓結訓典禮，前為陳孔良將軍

開訓典禮之（二）：國防部長宋長志先生（中）主持典禮後巡視學生，左為陳孔良將軍

民國十七年五月十五日全國教育會議開幕典禮

民國廿五年第二屆高中及大專學生二萬九仟餘人學生軍訓檢閱

文武合一教育之功能

北一女中、中山女高、景美女高三校學生聯合樂儀隊

軍訓教官輔導學生報考軍事院校

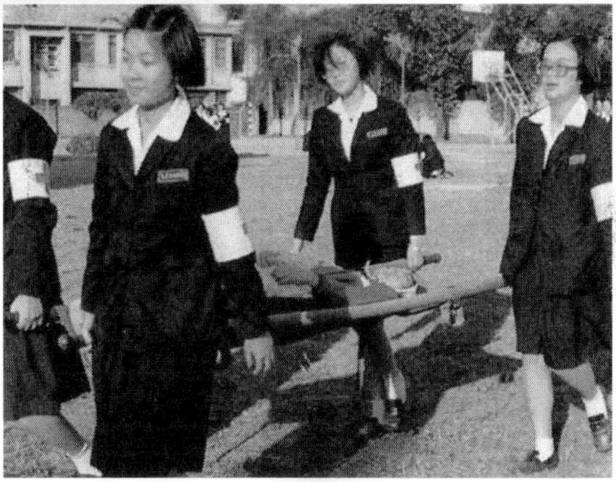

女生急救訓練

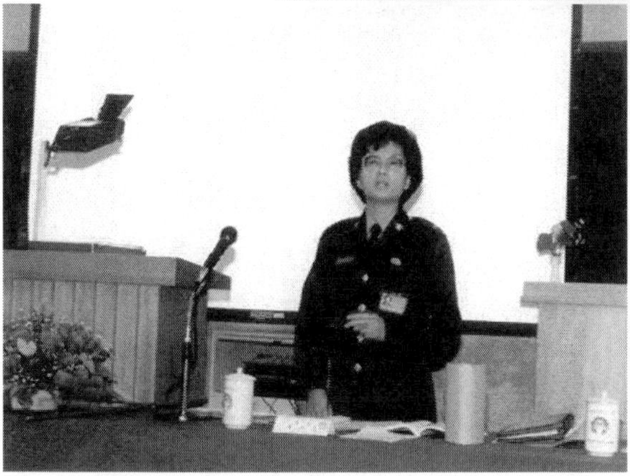

軍訓教官在職訓練試教活動

學生演唱愛國歌曲

臺北市立師院參加國慶遊行隊伍

成功大學學生參加國慶活動隊伍

山難學生家長感謝教官救難脫險

軍訓教官職前訓練畢業暨參觀訪問

北一女中樂儀隊享譽海內外

臺灣大學學生以「獅王獻瑞」慶祝國慶

高級中學學生實彈射擊

臺灣師範大學學生參加國慶遊行表演

李登輝先生與金門高中正在上軍訓課的師生合影（這位倭寇與台傭的私生子，後來搞台獨，很可惜！）

行政院連戰院長校閱成功嶺大專暑訓學生

西湖工商歡送考取軍校學生，陳議長健治親往致賀

教育部長郭為藩博士蒞海青會主持開訓典禮

軍訓處處長謝元熙主持軍訓工作檢討會

第二章　軍訓教官的職掌：各級學校的牛

記得幾年前總統大選，有後選人自嘲是「台灣牛」，但我覺得軍訓教官的角色和工作性質，更像台灣牛，是中等以上學校校園的牛。這群牛，無權無勢，碰到敏感問題國防部丟給教育部，教育部丟給國防部，教官默默承受，埋頭苦幹。但埋頭苦幹的結果是「撤職查辦」（二十年來喊著教官滾出校園，杜正勝當教育部長還要「終結」教官，這種政客型學者才該查辦！）

到底軍訓教官在學校幹些啥事，成了政治鬥爭的對象。軍訓建制從民國十七年至今也八十多年了，不可能去追蹤每個年代的工作內容。以近二十年來三個抽樣階段說明。首先以前教育部軍訓處謝元熙處長所著，《文武合一教育之功能》一書（民82，台灣書店），教育部規定教官職掌有十六項。

1. 學生在公共場所秩序與整潔之輔導。
2. 學生安全防護及膳宿之輔導。

3. 升降旗、各種集會及團體活動之輔導與指導。
4. 學生公益服務及其它各種服務之輔導。
5. 新生入學輔導。
6. 辦理緩徵，儘後召集等兵役問題。
7. 學生校外生活輔導及殘障學生之服務。
8. 學生安全教育之計畫、執行與考核。
9. 學生殊特事件之處理（車禍、山難、溺水、鬥毆、火警、中毒、竊盜、強暴、風災、水災、兇殺、急病、意外死亡等）。
10. 學生自強活動的生活照顧、安全維護。
11. 協助僑生辦理戶籍、保險及出入境事宜。
12. 協助學生辦理急難救助、助學貸款及平安保險等事宜。
13. 二十四小時值勤、住校及校園偶發事件處理。
14. 輔導學生參加預官考選。
15. 辦理大專學生成功嶺集訓。
16. 其他有關學生生活輔導事宜。

就學生需要而言，軍訓教官服務學生，以七十五年為例，即有四十多萬人次接受過教官的輔導與服務。若無教官服務，這四十多萬人次，也是應獲得的權益，不就都被剝奪了？我們站在維護學生權益的立場與學生的需要而言，軍訓教官不應被取代，也是不能被取代的。教官在學校的另一意義就是實現文武合一教育，文學校有穿著軍服的教官，與軍事學校有穿著便服的教授其狀況是一樣的，大家精誠相處，氣氛融洽，絕不會有格格不入的情事，而且誰也不會妨礙誰的工作，我每次和同學們在一起，就是情同手足般的非常親切愉快。

學生能有教官照顧，這不但是學生應得的權益，也是家長們的企求；在一個工商業社會裏，家長們平日工作很忙，把子弟送進學校後，無暇照顧，今天有這麼一批肯犧牲奉獻的教官來為學生服務，幫助學生健全成長，成為允文允武、術德兼修的優秀青年，我真看不出有誰能取代？

台大從民國八十六年（大約）又有「反軍」聲音，這回的反軍聲音不是來自學生，而是來自台大高層。最嚴重的是拒絕軍職的總教官上任，而由一個教授接任「軍訓室主任」，不論行政或法律都違反了，但各級在無可奈何中也默認了，實在是胡搞。文職的「軍訓室主任」上台發布新的教官職掌（如後表）；除有表訂職掌，台大教官仍有上課、系所輔導、舍區管理（均如後表）。

宿舍輔導

舍區	第一舍區								第二舍區					第三舍區					第四舍區				女生舍區					國青	國防舍區	
宿舍	男1		男3	男5	男6	男7	男8	警導	研1男	研1女	研2男	男13	研2女	男4 1..2F	男4 3.4F	男16	女4	女7	男2			女6	女2	女5	女8.9	女1	女3			
姓名	劉達生	林怡忠	賴明俊	吳元俊	駱華嘉	張茂榮	孫會興	王潤身	王寶貴	郭玉華	童公正	曾祥炎	佐理員	周錫郎	胡鴻銘	詹瑞和	彭瑞樞	王福燕	楊松麟	莊炫滄		雷慶餘	蔣先鳳	陳梅燕	高小仙	佐理員	佐理員	林一漢	林柏宏	
自動	33666200	33666300	33666395	33666518	27326271	33666543	27358498	33666396	23635920	23632287	23631726	33667319		23210693 33431728			23410196	33431599	23515583 23419550（傳）			23418541	23628079	23638140	23630166	23638049	23635923	23692676		
校內	3360	3878	3479	3182	2912	2567	2810	2568	2570	2565	2571	2569	3755	23519641-9					23970800				2911	2577 3677	2579	2627	2576	3689	33661000	
														238	239	236	237	237	8046	8046		8046								
宅																														
手機																														
系所舍區	27338714								23621726					23932936					23515583				23638049					3689		

系所輔導

文學院

系所	姓名
中文	蔣先鳳
日文	
哲學	
藝術	
音樂	
歷史	郭玉華
外文	
語言	
圖資	高小仙
人類	
戲劇	

理學院

系所	姓名
數學	童公正
地質	
大氣	
地理	陳梅燕
化學	
物理	吳坤演
動物	
心理	
植物	林柏宏
海洋	
生化	
漁科	

法律學院

系所	姓名
法律二、四	胡鴻銘
法律碩士	
法律一、三	周錫郎
法律博士	

社會科學院

系所	姓名
政治二、四	彭瑞樞
政治碩士	
政治一、三	王福燕
政治博士	
經濟	詹瑞和
社會	孫會興
國發	吳元俊
新聞	

醫學院

系所	姓名
醫學	楊松麟
生理	
臨床	
分醫	
病理	
免疫	
分子	
解剖	
毒理	
生化	
微生物	
臨床藥學	莊炫滄
醫技	
藥理	
藥學	
牙醫	
物治	
職治	
口腔	
護理	雷慶餘

工學院

系所	姓名
土木	林福仕
機械	吳元俊
造船	
化工	詹源興
環工	許文利
工工	
應力	
城鄉	
材料	
醫工	莊炫滄

農學院

系所	姓名
農藝	劉達生
植病	
昆蟲	
農經	張茂榮
生工	
生機	
農推	曾祥炎
農化	
畜產	賴明俊
獸醫	
食科	
森林	陳國慶
園藝	

公衛學院

系所	姓名
公衛	雷慶餘
衛政	
職醫	
流行病	
醫管	
環衛	
衛政	

管理學院

系所	姓名
會計	林一康
資管	林怡忠
工管	
國企	王潤身
財金	王寶貴
商學	林怡忠

電機資訊學院

系所	姓名
電機二、四	周之文
電機博士	
電機一、三	駱華嘉
電機碩士	
光電	張義方
電信	
資訊	
電子	

進修推廣部各系

姓名
林柏宏

附註：
一、本表係依據軍訓教官任務，針對實際狀況調製而成。
二、各系教官職掌，詳見軍訓工作手冊。
三、製表日期：九十年十月一日。

級職	姓名	職掌	電話
主任軍訓室	黃宏斌	承校長之命綜理全校軍護教學暨交辦等事宜	自動：三六三九五 校內：二二二八 宅：

業務分區編組	職稱	姓名	職掌	電話（公）	電話（宅）	代理人
學生兵役事務組	主任教官兼組長	許火利	一、綜合督導軍訓室全般業務。二、綜理軍訓主任交辦事宜。	2607		周錫郎
學生兵役事務組	教官	周錫郎	一、軍訓人事綜合業務。二、獎懲及勳章申領。三、在職進修及暑期研習。四、軍訓督考之策辦（兼）。五、業務職掌分配及值勤表製作。六、年度行事曆之擬定（兼）。七、臨時交辦事項。	2026		查公正
學生兵役事務組	教官	查公正	一、特殊事件反映及處理。二、軍訓綜合業務（兼）。三、軍訓教育課程問卷（兼）。四、學生集會活動之策劃及協調。五、教官緊急應變計劃之擬定及執行。六、軍訓成績考查、測驗及督課全般事宜（兼）。七、臨時交辦事項。	2230		周錫郎
學生兵役事務組	教官	賴明俊	一、大學部役男緩徵，儘後召集等學生兵役業務。二、研究生役男緩徵，儘後召集等學生兵役業務。三、僑生兵役業務。四、台大校園網路椰林軍訓室板資料彙整及問題解答五、臨時交辦事項	2024		張義方
學生兵役事務組	教官	熊文娟	一、預官考選。二、博士班研究生預官甄選協辦。三、軍官團活動業務。四、軍訓通訊保管及運用。（兼）五、臨時交辦事項。	2024		張義方
學生兵役事務組	教官	張義方	一、博士班研究生預官甄選。二、學生成功嶺集訓及海青會講習。三、大專女生軍事訓練班。四、青年動員服勤。五、軍訓課本申領。（兼）六、臨時交辦事項。	2024		熊文娟
學生兵役事務組	軍訓組員	陳君怡	一、一般行政及後勤業務之辦理。二、教學器材圖書保管維護。三、年度預算之編列與管制。四、臨時交辦事項。	2608		查公正
教學研究組	主任教官兼組長	孫彭馨	一、督導軍訓教育全般事宜。二、臨時交辦事項。	2571 2229		陳國慶
教學研究組	教官	陳國慶	一、年度軍訓教育之策劃。二、學生軍護課程任課編組及課表排定。三、綜理軍訓教學試教及輔助教材之購置。四、教育週記意見反映處理。五、電化教學之策定。六、臨時交辦事項。	2229		查公正
教學研究組	教官	吳坤演	一、支援共同教育委員會。二、臨時交辦事項。	3646		陳國慶
服務	主任教官兼組長	林怡忠	一、督導服務組全般事宜。二、臨時交辦事項。	2839		楊松麟
服務	教官	王潤身	一、急難濟助及貸款業務。二、社團活動申請補助業務。三、綜理自強活動全般業務。四、臨時交辦事項。	2604		楊松麟
服務	教官	楊松麟	一、冬夏令學生社會服務隊學術研究隊業務。二、期刊比賽及團務一般業務。三、青年友好訪問團遴選作業。四、海報處理。五、臨時交辦事項。	2604		王潤身
服務	教官	林福佐	一、學生生活輔導教育全般業務。二、學生意外（傷亡）事件，糾紛事件調處。三、春暉專案宣教事宜。四、交通安全宣教事宜。五、學生急難救助慰問事宜。六、臨時交辦事項。	2215		陳梅燕
	教官	陳梅燕	一、校區警衛、福利社服務事宜 二、臨時交辦事宜			

大學生活的自在　儲備軍官的風采
99學年度大學儲備軍官訓練團【ROTC】

更多采多姿的大學生活

國防部提供全額學雜費補助、每月生活費一萬元及每學期書籍文具費五千元，讓你生活沒煩惱、讀書沒困擾。

更另類的寒暑假

每週六的軍事課程，再加上寒暑假的軍事訓練與參訪，讓你生活更具挑戰性。

就學就業一次解決

大學畢業完成相關兵科專業訓練後以少尉軍官任用，自任官之日期服預備軍官役5年，讓你工作有保障，生活安定無憂慮，生涯發展前景可期。

報考資格

一、國內公私立大學（學院）四年制大一升大二或五年制大二升大三，18歲至23歲之未婚男性（不含公費生）。

二、甄選前各學期學業成績各科均及格（不含選修），另軍訓成績達70分以上及德（操）行成績達80分或甲等以上

考試項目

國文、英文、數學、智力測驗、口試
體能測驗(1600公尺跑步)

作業期程

體檢日期	99.03.01—99.04.15
網路下載報名表通信報名日期	99.04.15—99.04.30
准考證寄發日期	99.05.20
考試日期	99.05.29
放榜及錄取通知單寄發日期	99.06.15
報到日期	99.06.22

甄選員額

軍種（單位）	官科	員額
陸軍	步兵、砲兵、裝甲兵、工兵、通資電、化學兵	278
海軍（陸戰隊）	步兵、砲兵、裝甲兵、工兵、通資電、化學兵、運輸兵	28
空軍	砲兵、飛彈修護、財管	40
聯勤	工兵、通資電、運輸兵、兵工	35
後備	步兵、砲兵	40
憲兵	通資電、憲兵、兵工	25
總政戰局	政戰	54
總計甄選員額		500

軍事生涯願景流程

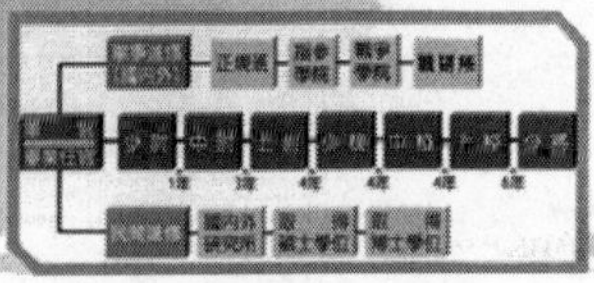

台大教官室因「遇缺不補」政策，在民國八十三年我初到台大報到（總教官韓懷豫將軍），有教官四十五人，另有九位兼任軍護老師，共計五十四人，可謂陣容堅強。到二〇〇九年之際，軍訓教官只剩五人（或六），軍護則早已掛零，這是台大！人少管事也少。（據查，整個台大只剩這幾位教官，只能應付上課，而因上課教官不足，大教室竟一、二百人一起上課，品質低落可想而知。）教官室仍有少量行政工作要做，台大召考一批「校安人員」（退休教官）負責。按台大家長手冊（二〇〇九年），軍訓組（編制降編）如次：

關懷輔導

軍訓組

校內緊急事件求救電話

軍訓組24小時電話：3366-9119

駐警隊24小時電話：3366-9110

保健中心救護車（8:00-17:00）：3366-9595

（一）役男學生緩徵申請

一、本校未役男學生請於註冊時攜身分證至軍訓組收件處申辦。

二、除休學、轉系、碩士班直攻博士等因素致休業年限異動外，在學期間不必重複申請。

三、滿33歲及再就讀同年級或低於原等級之學程者不得申請緩徵。

四、80年次以後的同學如有戶籍異動，持身分證影本至軍訓組辦理變更資料。

五、延長修業同學除戶籍異動需至軍訓組變更外，不必另申請。

（二）儘後召集申請

役畢學生須辦理儘後召集，應於註冊時攜帶退伍令及身分證至軍訓組收件處申辦。

註：大專以上畢業者，再就讀同級或低於原等級之學校者不得申請。

（三）兵役用在學證明書

申請緩徵尚未核准而接獲徵集令，請攜帶學生證，身分證及徵集令至軍訓組申請兵役用在學證明書申請暫緩徵集。（收到教、點召集令可持學生證影本加蓋教務單位驗證章向戶籍地後備司令部申請免除召集。）

（四）軍訓課程

軍訓課程為選修課程，用電腦語音選課系統於開學前辦理選課，如有衝堂，可在開學後辦理加退選。需注意：參加預官考（甄）選（畢業前一年九月份下旬報名），大一、二的軍訓課程一定要修（須修軍訓一至四。軍訓課可折算役期。

（五）軍訓課折算役期申請

請於離校前，至教務處申請歷年成績單（限本校選修軍訓者），送交軍訓組蓋章驗證，俾攜帶入營折算役期。大專院校四學期折抵16天（以歷年成績單驗證），高中職畢業折算14天（持畢業證書影本向原學校教官室驗證。）

（六）僑生兵役需知

原在臺設籍國民具僑民身分之役男，自返國之隔日起，屆滿一年時，依法辦理徵兵處理；無戶籍國民具僑民身分之役男，自返國初設戶籍登記之隔日起屆滿一年後，依法辦理徵兵處理。

（七）賃居校外生資料繳交

為強化學生校外賃居服務，新生入學時自行至軍訓組網頁填寫資料並下載，並於入學註冊時統一繳交。

網址：http://140.112.163.39/ntume/　聯絡電話：3366-2056

資料來源：台灣大學家長手冊，2009 年。

但軍訓教官的職掌是不是止於如上所述，絕非，台大有一位非常能幹的女教官叫陳梅燕，學校叫她專管餐廳，台大有數十餐廳（含福利社及廠商業務、檢查等），她做嚇嚇叫，多位她的主管都說：「這個繁複的工作有史以來陳梅燕做的最好。」只是這並非教官的職掌。

有一項不應由教官承辦的重大工作，卻成為教官很夯的工作是「緝毒」，防制學生濫用藥物，在高中（職）尤其重要，以下是這項工作的執行概況。

教育部防制學生濫用藥物，旨在藉教育、宣導、輔導的過程，使學生瞭解濫用藥物會戕害個人健康、失去自由，甚至殘廢或死亡，並瞭解濫用藥物為犯罪行為，或因濫用藥物導致犯罪，會傷害個人形象，影響其前途。使學生知所警惕，拒絕毒品引誘，不受騙、不嘗試，遠離毒害。對發現濫用藥物成癮之學生，則輔導其自首、戒治，以維護學生身心健康。

「濫用藥物」係指非以醫療為目的，或無醫師處分、指示，經常使用某種藥物，因而導致傷害個人健康，造成社會問題之成癮藥物而言，如：

㈠鴉片——包括嗎啡、海洛因等。
㈡大麻。
㈢古柯鹼。
㈣安非他命。
㈤幻覺劑。
㈥巴比妥酸鹽類——俗稱紅中、青發。
㈦速賜康——俗稱孫悟空。

㈧強力膠。

我國青少年濫用藥物，在民國七十年前後，以強力膠居首，速賜康次之。至民國七十九年則以濫用安非他命較為嚴重，使用人數迅速增加，並侵入校園。教育部有鑑於青少年濫用藥物問題嚴重，乃邀請衛生、警政、法務、省市教育廳局及學者專家，共商如何「防制青少年濫用藥物」，經數度研商，達成共識，就本案各有關單位之權責範圍，全面推動。教育部於同年十二月頒發「各級學校防制學生濫用藥物實施計畫」，並置重點於安非他命。針對青少年濫用藥物之動機，可能感染毒害之途徑及如何教育宣導、輔導防治，分別採取左列措施：

一、教育宣導：

1. 印發防制濫用藥物宣導資料：衛生署、社會慈善公益團體、本部及省市教育廳局分別印製海報、書函、特刊手冊、卡片、錄影帶等，分發各級教育行政機關、各級學校及社教機構，利用課堂或各種集會，全面宣導，使學生瞭解安非他命對個人健康危害的嚴重性，如何避免感染安非他命（拒毒）、如何戒毒、以及濫用藥物的刑責，使其知所警惕，自動自律、遠離毒害。

2. 各級學校每年訂定宣導週（月），作重點密集式宣導。

3. 各級學校舉辦家長座談：希望家長多關心子女生活狀況，協同防毒。

4. 各教育行政機關及學校，舉辦「防制濫用藥物研習」，增進訓輔人員、教師、教官、宣導及輔導知能。

5. 成立「春暉社團」，由學生社團舉辦各種宣導活動，如：晚會、演講、座談、論文、壁報等，由學生告訴學生，如何拒毒。

6. 於教科書中增訂「防制濫用藥物」章節，使宣導落實於教育中。

7. 透過大眾傳播媒體，擴大防制濫用藥物社教功能。

8. 協調民間社會公益團體、慈善機構，舉辦防毒宣導活動。

二、清查「誰濫用藥物」：

1. 觀察（精神、行為）：

依據美國聯邦預防濫用藥物局資料：青少年濫用藥物將有左列的危險訊號——

(1) 情緒或態度突然改變。

(2) 工作或學業不斷急遽退步。

(3)不斷反抗家中或學校的紀律規矩。
(4)與家人或朋友處不好。
(5)不尋常的大發脾氣。
(6)借錢的次數增加。
(7)在店裡順手牽羊或偷錢。
(8)行動鬼鬼祟祟。
(9)完全換了一批朋友。

學校教師、教官、訓輔人員及家長，就學生日常生活的精神狀態與行為表現，觀察其有無上述徵候。若然，則應對具有前述徵候之學生個別訪談，以瞭解其有無濫用藥物？一般而言，在個別訪談中，七成以上學生會真實相告。

2.尿液篩檢：

(1)對具有前述危險訊號之學生，若否認有濫用藥物之事實，則應協同家長或監護人，陪同學生至醫療機構作尿液篩檢，查明實情。

(2)教育部聘請醫療檢驗人員，不定期至各級學校實施尿液抽檢，並函請市、縣（市）教育局編列預算共同實施尿液篩檢，以期瞭解濫用藥物學生之比率，並產生嚇阻作用。

三、輔導戒治與預防：

1. 各級學校發現有涉嫌濫用藥物之學生，立即針對個案，由老師、導師、訓導人員、家長等組成「春暉小組」，進行輔導、觀察。
2. 對初次濫用藥物情節輕微者，應予告誡，並繼續追綜觀察有無濫用藥物習慣。
3. 對濫用藥物成癮者，應輔導其至警察、檢察機關自首，並協助其勒戒。
4. 對持有或販賣者，應追查其來源，並輔導其向檢警機關自首，以減輕其刑責。
5. 各級學校衛生保健中心，提供諮詢服務，指導學生調適行為或自動戒治。
6. 各級學校增設適當休閒娛樂設施，導引學生參與有益身心健康活動。
7. 市、縣（市）學生校外生活指導委員會協調警察機關，對學校週邊可能感染毒藥之場所加強巡邏，防止學生涉足其問。
8. 協調警政機關加強查緝毒品走私，斷絕毒品來源。

四、督考與獎懲：

1. 本部定期或不定期至各級教育行政機關、各級學校訪視，並召開督導會報，檢討防制績效。

2. 配合各級學校學生尿液篩檢工作，實施督導訪視。

3. 各級教育行政機關年終督考，對學校執行績效實施評鑑。

4. 對防制學生濫用藥物績效顯著者，本部及各級教育行政機關依權責議獎，頒發獎牌、獎狀或核予記功、嘉獎。對績效低劣者，依權責記缺點或核予申誡。

五、檢討：

青少年濫用藥物，對國家、社會、家長及其個人均將造成嚴重傷害，而為全國所關切。中華民國年來為防止安非他命氾濫，教育部、法務部、警政署、衛生署、省市、縣（市）政府教育廳、局、各級學校、社會各公益慈善團體、醫療機構、大眾傳播媒體及社會各界人士等，均能群策群力，為維護青少年身心健康奉獻心力，蔚為全面性的社會掃毒運動，使防止藥物濫用、教育宣導、輔導戒治等工作，得落實於校園、擴展於社會，其成效確已受到肯定，實值全民慶幸。

惟社會變遷快速，價值觀念多元化之際，今後如何從家庭教育、學校教育、社會教育相互配合，樹立青少年的正確價值觀，加強衛生保健教育，增進用藥常識，倡導正當休閒活動，以增強青少年適應能力，有效防止青少年濫用藥物，仍有待各有關機關、團體、學校、家庭，共同關心及持續不斷的努力，尚祈各位學者、專家、女士、先生多多指教。

到底軍訓教官的職掌、工作、使命為何？只能說「其大無外、其小無內」。苦幹實幹、埋頭苦幹，是牛的本色！

第三章　軍訓課程

——從課程安排看興盛到衰落

軍訓制度推行八十多年以來，軍訓課程在各時代必然大有不同。但所謂「興盛到衰落」有長期、短期的「波動」，故無從追蹤何時為「興盛」？何時為「衰落」？本文僅從筆者來到台大後，近二十餘年來所目睹之興衰。（註：筆者雖在台大只有五年，民國83—88年，但退伍後有很長時間擔任龍騰文化出版公司「國防通識」教科書主編，與軍訓課程並未脫節。）

自民國四十年決定恢復學生軍訓後，到民國八十年（甚至到八十四年），軍訓在各級學校都還能維持二學分（每週二小時）。本文以教育部軍訓處印頒《軍訓工作手冊：大專院校軍訓教育》一書（民國八十年十月）為抽樣標準，列表以下幾種學校的課程基準：

附表一：大學院校男女生（不含醫學院醫、護專女生）軍訓（護理）課程基準表

男女生軍訓課程於第一、二學年內修完，每學期十六週，每週授課二小時，每學期三十二小時，全期共一二八小時。課目名稱有認識中共統戰、三軍概要等十二種，外加教育預備和期終考。

附表二：醫學院、醫專暨護理專科學校二、三年制女生軍訓課程基準表

軍訓課程於一、二學年內修畢，每學期十八小時，全期共七十二小時。課程名稱只有認識中共統戰、武器發展簡介、政治作戰概要、中外戰史、戰爭概論等五種，外加期終考。

附表三：大學院校男女生（含二、三專暨不含醫學院、醫護專女生）在校軍訓（護理）課程基準表

男女生軍訓課程於第一、二學年內修畢，每學期十六週，每週授課二小時，每學期三十二小時，全期共一二八小時。課目有認識中共統戰等十二種，外加期終考。

附表四：護理專科學校五年制女生軍訓課程基準表

軍訓課程於第一、二、三學年實施，每學期十八小時，全期共一〇八小時。課目名稱有學生安全教育等十八種，等於融合高中、大專部份課程於一爐，故種類多。

附表五：五年制專科學校男女生軍訓（護理）課程基準表

男女生軍訓、護理課程，於第一至四學年內實施，第一、二學年授高中軍訓課程，三、四學年授以大學軍訓。每學期十八週，每週二小時，全期共二八四小時。課目有多達三十七種，外加期終考，等於高中、大學全部軍訓課程，以四年系列上完。

在成績查考上也嚴格執行，平時成績佔六十%，期末考佔四十%。學期中因請假超過十二小時，或曠課四小時者扣考，該學期軍訓成績以零分計算。可見那時軍訓課還是有一定地位，不可忽視的。

附表六：普通高級中學必修科目「國防通識」課程要綱

大約民國九十一年，國內教科書大出版商龍騰文化出版公司，欲「搶食」國防通識大餅，找我擔任主編。我已自台大退休乃欣然同意，並找各領域負責人，編成一個小型團隊，含龍騰人馬也有十人左右。

△**陳福成**（即筆者，台大主任教官退、碩士，負責《國家安全》課程撰寫，並擔任主編及團隊協調等。）

△**李文師**（政治大學教官退，博士研究，負責《兵學理論》課程撰寫。）

△**李景素**（文化大學教官退、博士，負責《軍事戰史》課程撰寫。）

△**項台民**（台大主任教官退，博士研究，負責《國防科技》課程撰寫。）

△**陳國慶**（台大主任教官退，碩士，負責《軍事知能》課程領域撰寫。）

龍騰公司也有一組人配合，如副總吳淑芬、協理陳美妃、副理柳光第、企劃朱啟台、經理孫慧璟、課長游雅如，人員中途也有調整。民國九十五年終於完成，計高中二學年四冊（另教師用書四冊，共八冊）。

可惜高中軍訓（國防通識）已改成一學分，附表六是課程綱要，學生軍訓「衰落」至此；而大學更別提了！這項「夕陽工業」準備打烊了。

附表一：

大學院校男女生（不含醫學院醫、護專女生）軍訓（護理）課程基準表

課目名稱	時數	學期區分 一上	學期區分 一下	學期區分 二上	學期區分 二下	備考
認識中共統戰	10 (10)				10 (10)	
武器發展簡介	8 ⑧				8 ⑧	
陸軍概要	10				10	
海軍概要	10		10			
空軍概要	8			8		
領導統御	6			6		
孫子兵法	12	12				
政治作戰概要	10 (10)	10 (10)				
臺灣戰略地位之研究	4		4			
戰爭概論	14 (14)			14 (14)		
中外戰史	16 (16)		16 (16)			
大學護理	(50)	(12)	(14)	(14)	(10)	
教育預備	12 (12)	8 (8)		2 (2)	2 (2)	
期終測驗	8 (8)	2 (2)	2 (2)	2 (2)	2 (2)	
合計	128 (128)	32 (32)	32 (32)	32 (32)	32 (32)	

附記

一、本表適用於參加暑期成功嶺第三梯大專集訓之學校（以當年大學院校聯招錄取之新生爲主）。（　）數係女生時數。

二、男女生軍訓課程於第一、二學年內實施，每學期十六週，每週授課二小時，每學期三十二小時，全期一二八小時，男女生相同之課目合班實施。

三、具備役士官、兵身分者，得申請免修之課目如左表。（區分欄內畫「√」者爲免修課目）。

課目名稱	時數	區分 陸軍	區分 海軍（含陸戰隊）	區分 空軍	區分 警備憲兵	備考
認識中共統戰	10	✓	✓	✓	✓	
武器發展簡介	8	✓	✓	✓	✓	
陸軍概要	10	✓			✓	
海軍概要	10		✓			
空軍概要	8			✓		

四、教育預備時間係供系（科）教官、總（主）任）教官或遇教育障礙時使用。

附表二一：

醫學院、醫專暨護理專科學校二、三年制女生軍訓課程基準表

課目名稱	時數	學期區分 一上	學期區分 一下	學期區分 二上	學期區分 二下	備考
認識中共統戰	10				10	
武器發展簡介	6				6	
政治作戰概要	12	12				
戰爭概論	16			16		
中外戰史	16		16			
教育預備	4	4				
期終測驗	8	2	2	2	2	
合計	72	18	18	18	18	

附記：

一、軍訓課程於第一、二學年內實施，每學期十八小時，全期七十二小時。

二、教育預備時間係供系（科）教官、總（主任）教官或遇教育障礙時使用。

附表三：

大學院校男女生（含二、三專暨不含醫學院、醫護專女生）在校軍訓（護理）課程基準表

課目名稱	時數	學期區分 一上	一下	二上	二下	備考
認識中共統戰	10 (10)				10 (10)	
武器發展簡介	8 (8)				8 (8)	
陸軍概要	10				10	
海軍概要	10		10			
空軍概要	8			8		
領導統御	6			6		
孫子兵法	12	12				
政治作戰概要	14 (14)	14 (14)				
臺灣戰略地位之研究	4		4			
戰爭概論	14 (14)			14 (14)		
中外戰史	16 (16)		16 (16)			
大學護理	(50)	(12)	(14)	(14)	(10)	
教育預備	8 (8)	4 (4)		2 (2)	2 (2)	
期終測驗	8 (8)	2 (2)	2 (2)	2 (2)	2 (2)	
合計	128 (128)	32 (32)	32 (32)	32 (32)	32 (32)	

附記

一、本表適用於參加暑寒期成功嶺第二四梯大集訓之學校，（）數係女生時數。

二、男女生軍訓課程於第一、二學年內實施，每學期十六週，每週授課二小時，每學期三十二小時，全期一二八小時，男女生相同之課目合班實施。

三、具備役士官、兵身分者，得申請免修之課目如左表，（區分欄內畫「✓」者為免修課目）

課目名稱	時數	區分 陸軍	海軍（含陸戰隊）	空軍	警備憲兵	備考
認識中共統戰	10	✓	✓	✓	✓	
武器發展簡介	8	✓	✓	✓	✓	
陸軍概要	10	✓			✓	
海軍概要	10		✓			
空軍概要	8			✓		

四、教育預備時間係供系（科）教官、總（主任）教官或遇教育障礙時使用。

附表四：

護理專科學校五年制女生軍訓課程基準表

課目名稱	時數	學期區分 一上	一下	二上	二下	三上	三下	備考
學生軍訓簡介	2	2						
學生安全教育	2	2						
軍隊生活規範	4	4						
保防常識	4		4					
民防常識	4		4					
徒手基本教練	6	6						
持槍基本教練	4		4					
步槍班基本教練	4		4					
軍訓檢閱	2	2						
步槍機械訓練	4			4				
射擊預習	8			4	4			
基本射擊	8			4	4			
防身術	4			4				
認識中共統戰	10						10	
武器發展簡介	6						6	
政治作戰概要	8				8			
戰爭概論	8					8		
中外戰史	8					8		
教育預備	6	1	1	1	1	1	1	
期終測驗	6	1	1	1	1	1	1	
合計	108	18	18	18	18	18	18	

附記：
一、軍訓課程於第一、二、三學年實施，每學期十八小時，全期一〇八小時。
二、男生超過二十五人以上，宜編班授以男生軍訓課程。
三、教育預備時間係供科教官、總（主任）教官或遇教育障礙時使用。

附表五：

五年制專科學校男女生軍訓（護理）課程基準表

課目名稱	時數	學期區分 一上	一下	二上	二下	三上	三下	四上	四下	備考
學生軍訓簡介	2	2 (2)								
學生安全教育	4	4 (4)								
軍隊衛生	8	8								
軍隊生活規範	4 (4)		4 (4)							
學生兵役實務	4		4							
國軍教戰總則	4		4							
陸海空軍軍人讀訓	4		4							
臺海戰役	4 (4)				4 (4)					
保防常識	4 (4)			4 (4)						
民防常識	4 (4)				4 (4)					
地圖閱讀	4				4					
方位判定與方向維持	4				4					
徒手基本教練	8 (4)	4 (4)		4						
持槍基本教練	20 (10)		10 (10)	6	4					
步槍班基本教練	6			6						
軍訓檢閱	2 (2)		2 (2)							
刺槍術	8	4	4							
防身術	(6)	(6)								
擒拿、奪刀	4				4					
單兵戰鬥——運動、停止	6	6								

手榴彈投擲	4		4							
步槍機械訓練	4	(4)			4 (4)					
射擊預習	8	(8)			4 (4)	4 (4)				
基本射擊	8	(8)			4 (4)	4 (4)				
認識中共統戰	12	(12)								12 (12)
武器發展簡介	10	(10)								10 (10)
陸軍概要	10									10
海軍概要	8							8		
空軍概要	8								8	
領導統御	6								6	
孫子兵法	12						12			
政治作戰概要	16	(16)					16 (16)			
臺灣戰略地位之研究	4							4		
戰爭論	16	(16)							16 (16)	
中外戰史	16	(16)						16 (16)		
高中護理		(64)	(16)	(16)	(16)	(16)				
護理與健康		(48)					(12)	(12)	(14)	(10)
教育預備	22	(22)	2 (2)	2 (2)	2 (2)	2 (2)	6 (6)	2 (2)	4 (4)	2 (2)
期終測驗	16	(16)	2 (2)	2 (2)	2 (2)	2 (2)	2 (2)	2 (2)	2 (2)	2 (2)
合計	284	(284)	36 (36)	36 (36)	36 (36)	36 (36)	36 (36)	32 (32)	36 (36)	36 (36)

附記

一、( )數係女生時數。

二、男女生軍訓護理（女）課程於第一至四學年內實施，第一、二學年授以高中軍訓護理（女）課程，第三、四學年授以大學軍訓護理（女）課程除第三學年下學期（十六週）外，（五專生參加成功嶺暑訓第一梯次），每學期十八週，每週授課二小時，全期二八四小時，男女生相同之課目合班實施。

三、具備役士官、兵身分者，得申請免修之課目如左表，（區分欄內畫「✓」者爲免修課目）

課目名稱	時數	區分				備考
		陸軍	海軍（含陸戰隊）	空軍	警備憲兵	
認識中共統戰	10	✓	✓	✓	✓	
武器發展簡介	8	✓	✓	✓	✓	
陸軍概要	10	✓			✓	
海軍概要	10		✓			
空軍概要	8			✓		

四、教育預備時間係供系（科）教官、總（主任）教官或遇教育障礙時使用。

附表六：

普通高級中學必修科目「國防通識」課程綱要

職業學校群科課程一般科目國防通識科同此綱要

壹、時間分配

國防通識必修課程為二學年之課程，安排於高一、高二，每週一節課，共計四學分。各校亦可依實際排課需要，開設一學年每學期二學分。

貳、教材綱要

普通高級中學／職業學校必修科目「國防通識」課程四學分。

第一學年

主題	主要內容	說明	參考節數
一、國家安全概論	1. 國家安全一般認識	1-1 國家安全的定義 1-2 影響國家安全的因素 1-3 國家安全與永續發展	12
	2. 國家安全政策制定	2-1 制定因素 2-2 政策法治化	
	3. 現今國際情勢	3-1 國際安全環境 3-2 全球軍事情勢 3-3 亞洲軍事情勢	
	4. 我國國家安全	4-1 威脅要素 4-2 當前政策與整備	
二、臺海戰役	1. 古寧頭戰役	1-1 戰爭起因 1-2 戰前情勢 1-3 戰爭經過 1-4 勝負分析與啟示	6

	2. 八二三砲戰	2-1 戰爭起因 2-2 戰前情勢 2-3 戰爭經過 2-4 勝負分析與啟示	
三、國防通識教育概述	1. 國防通識教育沿革 2. 國防通識教育與全民國防	1-1 學生軍訓教育簡介 1-2 國防通識教育內涵 2-1 全民國防的意涵 2-2 國防通識教育與全民國防的關係	4
四、學生安全教育	1. 安全應變與危機管理 2. 意外事件的防範及處置 3. 災害的防範及處置 4. 權益與保障	1-1 安全應變的觀念與原則 1-2 危機管理的機制與運用 2-1 交通事故 2-2 暴力事件 2-3 性騷擾與性侵害 2-4 食物中毒 2-5 溺水 2-6 其他 3-1 風災 3-2 震災 3-3 水災 3-4 火災 3-5 其他	8
五、民防常識	1. 民防的意義與特性 2. 民防實務介紹		2
六、基本教練	1. 徒手基本教練	1-1 立正、稍息、敬禮 1-2 停止及行進間轉法	4

第二學年

主題	主要內容	內容說明	參考節數
一、兵家述評	1. 孫子	1-1 生平事蹟 1-2《孫子兵法》主要內涵 1-3 對後世的影響	8
	2. 拿破崙	2-1 生平事蹟 2-2 對後世的影響	
二、國防科技概論	1. 科技與國防	1-1 國防科技的意涵 1-2 國防科技與經濟民生	10
	2. 武器系統介紹	2-1 槍、砲 2-2 飛彈與火箭 2-3 戰鬥載具 2-4 生化戰劑 2-5 核子武器 2-6 電子作戰 2-7 其他	
	3. 我國國防科技	3-1 國防自主的重要性 3-2 研發成果 3-3 未來展望	

三、軍警校院簡介	1. 國軍軍事校院簡介	1-1 校史簡介 1-2 發展特色	4
	2. 警察校院簡介 3. 生涯規劃與兩性發展	2-1 校史簡介 2-2 發展特色	
四、方位判定與方向維持	1. 方位判定 2. 方向維持	1-1 方位判定的方法 1-2 方位判定的實作 2-1 方向維持的方法 2-2 方向維持的實作	4
五、地圖閱讀	1. 軍用地圖 2. 簡要地圖	1-1 認識軍用地圖 1-2 軍用地圖判讀 2-1 簡要地圖介紹 2-2 簡要地圖繪製	4
六、兵役簡介	1. 兵役制度 2. 兵役實務 3. 軍中人權		2
七、基本教練	1. 持槍基本教練	1-1 持槍立正、稍息 1-2 各種攜槍姿勢	4

第四章　鹹魚翻身：《決戰閏八月》和《防衛大台灣》

當民國八十三年時，我在野戰部隊的第十九年，還是一個絕望的老中校，自信心已在各部隊被撤底摧毀，這年的四月十六日，我拖著疲困的身心，打算到台灣大學混滿二十年，拿個終身俸退伍，人生了無希望⋯

我初到台大在男五舍當舍區教官，大約幾個月後調夜間部教官。這年的年底有一本書使全台灣社會陷於驚恐狀態，社會各層面有極大不安，甚至就要引發「逃亡潮」（很多人移民出走），這本書是《一九九五年閏八月》，鄭浪平著，商周文化出版（八十三年八月一日初版）。這本書的總結是中共將於一九九五年（民84）閏八月，以武力進犯台灣，完成統一中國的使命。

從那本書在八月出版，人們不安的情緒也漸漸升高，朝野政客拼命操弄這個議題，仍不能使民心安定，包含校園也感到不安。當時台大總教官是韓懷豫將軍，他覺得教官要運用上課機會向學生說明，期待使人心安定下來，但要如何說？說什麼？台大當時有四十五位教官，九位兼任護理老師，總不能各說一套，須要統一、合理，合乎政治和軍事思維的說詞，統一口徑才行。

韓總教官想到我這報到才幾月的新人，要在軍官團做一場簡報，主旨當然要推翻《一九九五年閏八月》的論點，說中共不會打來。為何總教官要用我這新人？事後想想，可能看中我有「雙重學歷」，三軍大學畢業和政治研究所碩士，有政治和軍事兩個學養。當然，也許我往臉上貼金，長官不過要磨磨新人，但我相信在這緊要關頭，長官是在用人才而不是訓練人才。

我記得這場簡報就在十月的軍官團，地點在台大行政大樓三樓教官室圖書室，全體教官到齊，韓將軍親自坐鎮指導。這場簡報我分十個子題，時間一個多小時：

△**前言**

△**中共武力犯台相關因素**

㈠中國人民解放軍犯台危險性之評估。

㈡中共戰爭潛力。

㈢中共武器研發概況。

㈣海峽兩岸戰力比較。
㈤中共最近部隊演訓之意涵。
㈥政經因素對武力犯台決策之影響。

△中共武力犯台的行動實踐判斷

㈦中共武力犯台時機的選擇。
㈧中共武力犯台能力之評估。
㈨中共武力犯台的可能行動方式。
㈩中共武力犯台登陸作戰之完成。

△結論

結論當然是明年八月中共不會以武力犯台（這是二選一命題，我只剩一個選項）。我很有自信的把簡報講完，站在講台上等候長官指示，一顆心正七上八下，底下座位上除一個將軍外，有七、八個上校主任教官和數十男女教官。全場竟安靜的出奇！沒有聲音，等總教官先說吧！

不知道過了多久！韓將軍從座位上緩緩站起來，轉身，面向大家，說：「這是我聽過的簡報中，講的最好的，謝謝陳教官。」接著一陣熱烈的掌聲…那聲音讓一隻鬥敗的公雞、戰敗的犬，重新仰起頭，有了信心，有了勇氣。

幾個月後我重新整理那份簡報資料，因為我想到光是讓台大教官、學生認識「閏八月」問題不夠，要使所有台灣教官界，乃至社會，也能理性看待這個命題。簡報資料充實擴大成一本書，便是在一九九五年七月由金台灣出版公司所發行的《決戰閏八月：後鄧時代中共武力犯台研究》一書。

本書有校長陳維昭教授、軍訓處長宋文將軍、總教官韓懷豫將軍提序，這本書也成為教官界參考用書。

這年年底，我打鐵乘熱，再由金台灣出版《防衛大台灣》一書，以上二書互為姊妹品。因前者研究「大野狼會不會來？如何來？」；而後者研究「如何阻止大野狼來」，基本上對台灣三軍戰略及防衛作戰的檢討。

我這兩本書出版後，也引起大陸高度重視，北京軍事專刊用我軍裝照片當封面人物，內文大加報導「陳福成的戰略思想」，封一個「台島軍魂」大帽子給我。不久，我升了上校，真的鹹魚翻身了！

鄧小平死・中共敢犯台？
破除「閏八月」恐共預言的最佳讀本・堂堂上市！
決戰閏八月
後鄧時代中共武力犯台研究
中共會武力犯台嗎？
$500,000元
預測抽大獎
全書320頁，定價250元
只要您到書店購買或直接劃撥，將封面抽獎印花貼上明信片或回函卡寄到台北市羅斯福路五段53巷11號1樓，即可參加50萬大抽獎！
決戰閏八月掀起軍事書熱潮
聯合報84.1.8.6版

針對「1995閏八月」破綻漏洞，提出二十點嚴厲批判：

- 立論無據，概念不清
- 錯把原則當定律
- 用宗教神道解釋政治問題不當
- 誤以「第三波」標準衡量共軍
- 總統直選不等於台獨
- 國軍並不真的完蛋
- 缺乏武力犯台的客觀因素評析
- 荒謬的三個T日點

集各家之言，正反論據並陳，重新剖析：

- 台獨的立即危險性
- 共軍武力犯台的危險性評估與時機選擇
- 共軍武力犯台的時空因素、能力評估、行動方式沙盤推演
- 政經因素對犯台決策之影響
- 台海的戰略價值與軍事障礙
- 以「第三波」標準評估兩岸戰力，大小懸殊的勝戰關鍵
- 後鄧時代改善兩岸關係、台灣人積極應戰之道

專家推薦，必屬佳構—— 一本教國民黨心驚，民進黨苦讀，新黨重修的教戰守策！

·台大校長 陳維昭 博士	·教育部軍訓處長 宋文 將軍	·台大總教官 韓懷豫 將軍	·國策中心國防專家 蘇進強 先生
陳君勤奮好學，對中共建軍思想本質、兩岸兵力等均有相當程度的研究，本書亦有極高的參考價值。	本書立論採証十分中肯翔實，有助於所有關心國家安全的國人一讀！	陳君為本校優秀教官，敏思好學，本書經台大全體教官討論，專業性、可信度極高，已列入台大軍訓課程指定教材！	本書以較專業及符合戰爭學的架構，剖析中共武力犯台因素，使讀者具有對「閏八月」預言消毒免疫的作用，實為不可多得的力作！

郵購3冊以上特惠價，歡迎機構、企業、讀書會團購

數量	折扣	優惠價
3—5冊	95折	每冊235元
6—10冊	9折	每冊225元
11—15冊	85折	每冊210元
16—20冊	8折	每冊200元
21冊以上	75折	每冊185元

全書320頁，定價250元

郵撥帳號：17649383
戶　　名：大人物管理顧問有限公司
洽詢電話：9353999
地　　址：台北市羅斯福路五段53巷11號1樓

金台灣 出版
大人物管理顧問有限公司 總代理

國內郵資已付
台北郵局
許可證
北台第8128號
印刷品
台海戰爭會否爆發？
中共會否來犯？台灣能否自保？
請看兩岸軍事研究專家——陳福成暢銷姐妹作！
決戰閏八月
後鄧時代中共武力犯台研究
防衛大台灣
台海安全與三軍戰略大布局
一把專業犀利的解剖刀
刀刀見血！
觀察深刻，破除「恐共命定論」的最佳讀本！
320頁，定價250元
一份深沈翔實的診斷書
句句中的！
見證嚴謹，直指台灣防衛的致命與致勝關鍵！
450頁，定價350元

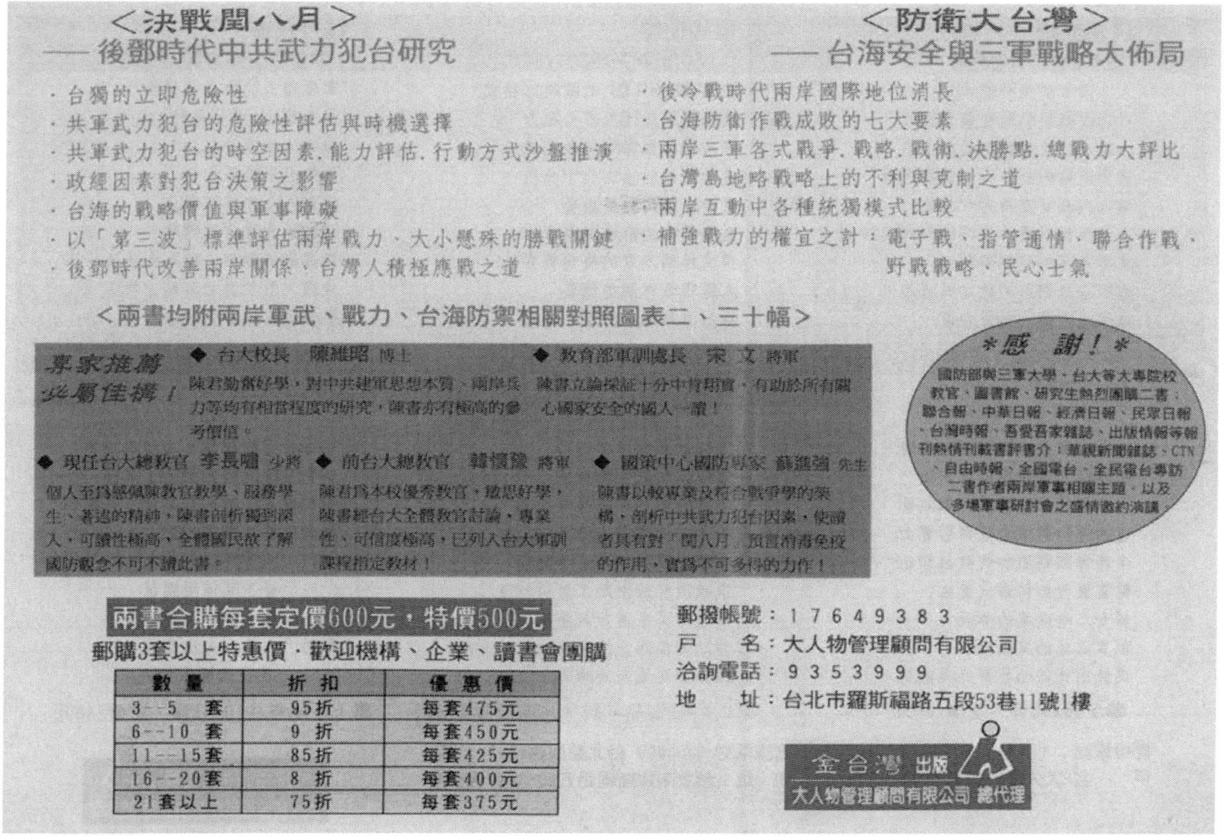
＜決戰閏八月＞
——後鄧時代中共武力犯台研究
・台獨的立即危險性
・共軍武力犯台的危險性評估與時機選擇
・共軍武力犯台的時空因素、能力評估、行動方式沙盤推演
・政經因素對犯台決策之影響
・台海的戰略價值與軍事障礙
・以「第三波」標準評估兩岸戰力、大小懸殊的勝戰關鍵
・後鄧時代改善兩岸關係、台灣人積極應戰之道
＜防衛大台灣＞
——台海安全與三軍戰略大佈局
・後冷戰時代兩岸國際地位消長
・台海防衛作戰成敗的七大要素
・兩岸三軍各式戰爭、戰略、戰術、決勝點、總戰力大評比
・台灣島地略戰略上的不利與克制之道
・兩岸互動中各種統獨模式比較
・補強戰力的權宜之計：電子戰、指管通情、聯合作戰、野戰戰略、民心士氣
＜兩書均附兩岸軍武、戰力、台海防禦相關對照圖表二、三十幅＞
專家推薦 必屬佳構！
◆ 台大校長 陳維昭 博士
陳君勤奮好學，對中共建軍思想本質、兩岸兵力等均有相當程度的研究，陳書亦有極高的參考價值。
◆ 教育部軍訓處長 宋文 將軍
陳書立論探証十分中肯翔實，有助於所有關心國家安全的國人一讀！
◆ 現任台大總教官 李長嘯 少將
個人至為感佩陳教官教學、服務學生、著述的精神，陳書剖析獨到深入，可讀性極高，全體國民欲了解國防觀念不可不讀此書。
◆ 前台大總教官 韓懷豫 將軍
陳君為本校優秀教官，積思好學，陳書經台大全體教官討論，專業性、可信度極高，已列入台大軍訓課程指定教材！
◆ 國策中心國防專家 蘇進強 先生
陳書以較專業及符合戰爭學的架構，剖析中共武力犯台因素，使讀者具有對「閏八月」預言消毒免疫的作用，實為不可多得的力作！
＊感 謝！＊
國防部與三軍大學、台大等大專院校教官、圖書館、研究生熱烈團購二書；聯合報、中華日報、經濟日報、民眾日報、台灣時報、吾愛吾家雜誌、出版情報等報刊熱情刊載書評書介；華視新聞雜誌、CTN、自由時報、全國電台、全民電台專訪二書作者兩岸軍事相關主題，以及多場軍事研討會之盛情邀約演講。
兩書合購每套定價600元，特價500元
郵購3套以上特惠價・歡迎機構、企業、讀書會團購
數量 | 折扣 | 優惠價
3--5 套 | 95折 | 每套475元
6--10 套 | 9 折 | 每套450元
11--15套 | 85折 | 每套425元
16--20套 | 8 折 | 每套400元
21套以上 | 75折 | 每套375元
郵撥帳號：17649383
戶 名：大人物管理顧問有限公司
洽詢電話：9353999
地 址：台北市羅斯福路五段53巷11號1樓
全台灣 出版
大人物管理顧問有限公司 總代理

我的晉升照成了《北京軍事文摘》封面照。

“台岛军魂”陈福成

随着李登辉又一次抛出所谓大陆与台湾之间特殊的“两国论”，台湾问题又一次引起国人的关注。

随着香港的胜利回归，澳门也将在几个月后回到祖国的怀抱，台湾的问题决不能无限期地拖下去。

但是，如何统一台湾却一直是个敏感话题。和平统一当然是炎黄子孙的共同的心愿，可是如果台湾当局刻意要制造“两个中国”或“一中一台”的局面的话，我国将完全有能力和决心维护祖国的统一。正因此，祖国大陆一直不言对台放弃武力。

而且随着台岛内“台独”的声音尘嚣甚上，全国人民盼望早日统一台湾的呼声也此起彼伏。

在和平统一台湾的愿望下，我们也要做到对台湾军队“知己知彼，百战百胜”。为此我们，更要了解台湾军队将领们的军事指导原则、作战方针、战略思想。

而号称“台岛军魂”的台湾大学中校教官陈福成，虽是一介校官，但是其撰写的《决战闰八月》和《防卫大台湾》两书奠定了其在台湾军界的战略家的地位。

所以，了解了陈福成的战略思想即基本掌握了台湾军队的作战策略。

陈福成虽一直在台湾陆军就职，但是，他针对台湾的特殊地理位置提出的“海、陆、空”一体化的防御体系，深深地影响了台湾军队的头头脑脑们。

由于台湾的地理生存环境和政治生存环境都很狭小，所以陈福成认为，台湾军队和大陆军队对抗中，将主要以防御作战为主，但是台湾除了有一般防御作战的性质上，更有其独特的特质，这些特质在古今战争史上尚无同型，陈福成认为台湾的防御作战更应是一种“特种作战”。

他认为台湾的防御作战的特点是：预警短、纵深浅、决战快、外援难、示势作战、以小搏大。由于这些特点，陈福成认为，如果一旦大陆对台动武，第一轮攻击波可能在离台湾一岛10－20海里的海面区，形成战争初期的水面激战，而真正的决战将在3000－5000米的海滩上进行。

正是在这种作战指导思想的影响下，台湾军队在台湾岛的东、北、西之面形成了远、中、近三层立体防御工事。■

陈福成简历

陈福成出生：1952年6月15日。

现职：台湾大学中校教官，主讲课目：《战争概论》及《波斯湾战史》。

学历：1975年毕业陆军官校44期；1988年毕业于复兴岗政治研究所硕士班；1993年毕业于三军大学陆军指参学院

经历：台湾部队连长、营长、监察官、教官、副指挥官、副处长、于1994年4月转任军训教官、任职台湾大学至今。

兴趣：写作、研究、读书、教学、演讲、旅游

作品：有学术研究、游记、翻译小说、现代诗，曾著有《管理与管教》一书约十二万字，《高登之歌》获现代诗银诗奖

《決戰閏八月》和《防衛大台灣》兩書的出版，使我在教官界發紅，也受到對岸「高度評價」，真是純屬意外。在北京《軍事專刊》內文對我有一篇介紹，其中說：

> 號稱「台島軍魂」的台灣大學中校教官陳福成，雖是一介校官，但是其撰寫的《決戰閏八月》和《防衛大台灣》，兩書奠定了其在台灣軍界的戰略家的地位。所以，了解了陳福成的戰略思想即基本掌握了台灣軍隊的作戰策略。

那一期《軍事文摘》（專刊總第59期），還有幾篇重要文章，「台灣現役將領龍虎榜」、「台灣參謀總長之謎」、「台灣軍魂陳福成之謎」、「台灣軍事實力揭秘」等。但我想不透的是，該刊用我上校晉升照做封面人物，那張是授階時記者所照，我自己都沒有，北京怎會有？我想了十幾年，想不通！

第五章 忙於外務：撰寫「國家安全」課程

《決戰閏八月》和《防衛大台灣》兩書出版後，我成了教官界的「明星人物」（平心論之，那種滋味真好，以前不懂，到了台大才發現許多人性的秘密。）

也因為這兩本書的出版，校長陳維昭教授在晉升餐會向在場近百人（含三長及數十位教授）說：「本校一年內能出版兩本書，又有很大的影響力，只有陳教官一人…」。

我在台大得到最大的兩個鼓舞，一是校長這句話；另一個是總教官韓懷豫將軍聽我做完簡報後說：「這是我所聽過的簡報中，最好的一個。」我在野戰部隊那些「悲慘命運」一掃而去，我感到人生又有很大的希望，人生一定要有個交待，就在台大。

人紅起來後，我反而忙於很多「外務」，有一段時間還巡迴各大學講解軍訓新課程，和各校教官溝通問題，當然這些外務都是奉令執行。身為軍人只負責執行並完成交付之任務，不會質疑命令。

有一回擔任八十六年度「女教官招生考試試題官」，我在闈場裡「關」了一個多星期，我和台灣工技學院總教官蕭靈通一組，負責「中華民國憲法與立國精神」出題和閱卷工作，事後處長宋文將軍在敬酒時對我說：「陳福成你過關了！」大家都了然於心，在場的教官（如名冊）都來道賀，這當然是一件快意的事。

但我在台大標到一筆最大的「工程」，是負責新的軍訓課程《國家安全》的撰寫。記得大約民國八十五年，軍訓處長宋文將軍開始啟動軍訓新課程，統稱「六大領域」（軍事戰史、軍事知能、國家安全、兵學理論、國防科技、護理）。這時台大總教官是李長嘯將軍，他也做了很多後勤準備工作，讓我節省了很多行政雜務。

八十六年三月，軍訓處領下一份「六大領域」的責任編組，有三方面的人馬。軍訓處負責督導全案是鄧先揮、翟仲安、張志猗。實際負責六大領域撰寫的六位教官：

△谷祖盛（文大主任教官）：軍事戰史。
△葉克明（東海主任教官）：軍事知能。
△陳福成（台大主任教官）：國家安全。
△李文師（政大中校教官）：兵學理論。

教育部八十六年度女軍訓教官班招生考試閱卷及成績登錄人員名冊

單位	級職	姓名	職掌	備考
國立台北師院	上校 總教官	周遠貞	擔任「國文」閱卷工作	
華夏工商專校	上校 總教官	曹仲立		
台灣工技學院	上校 總教官	蕭靈通	擔任「中華民國憲法與立國精神」閱卷工作	
台灣大學	中校 教官	陳福成		
中國工商專校	上校 總教官	王慶泉	擔任「中國近代史」閱卷工作	
政治大學	中校 教官	林雅珍		
軍訓處	中校 教官	徐芃	擔任「英文」閱卷工作	
台灣師範大學	中校 教官	游鴻裕		
台灣師大附中	少校 教官	安天祥	成績核計、登錄及電腦作業	
台北商專	中校 教官	王錫平		
台北商專	少校 教官	莊欽賢		
華夏工商專校	少校 教官	于美芳		

△馮棟煌（青年高中少校教官）：國防科技。

△陳碧珠（北一女護理老師）：護理。

另外幼獅出版公司也有一組人配合，包含副總編輯林芝、主編劉淑華和黃麗香、編輯盧玉清。

同年六月又頒一份以高中為主的編組（亦如附表），我寫的《國家安全》原稿，軍訓處用來「一魚兩吃」，大學（專）以上是我的原文，高中則請也是台大的女教官蔣先凰根據我的手稿，再改寫簡化到高中（職）程度，適合高中（職）學生使用。所以有幾年（至少86 87 88年），全國的學生軍訓《國家安全》，用的是我寫的版本，由幼獅文化出版公司印行，後來逐年有修訂。全國有百萬學子在讀我的東西，也是一種安慰！

我雖為軍訓課程《國家安全》忙了將近二年，但收穫很多，包括我和陳梅燕訪問戰略家鈕先鍾先生，後來我接著寫了好幾本有關國家安全專書（見本書末列表），使我對這個領域有很深的認識。我敢說，全台第一位寫國家安全專書，又寫了多本的，就是我。

馳騁軍事天地 紐先鍾遠離槍桿拾筆桿

87 10/7 聯合報 之地

記者／廖和敏

鈕先鍾二十幾歲就參與國家戰爭，投入軍旅，然而近幾十年他的戰爭，卻不是在沙場上，他只是另闢戰場，用自學的方式來研究軍事。六十年來，軍事就是他的興趣，他的事業，他的世界。

沒有學歷背景，一直用筆桿在軍事天地裡馳騁，鈕先鍾用自學方式不斷累積在戰略方面的學識，數十年的耕耘，不但在淡江大學研究所講授戰略課程，更重要的是，他還用讀書寫書的方式實踐自己的夢想，而今終於開花結果，八十五歲的他還獲頒終身成就。

去年鈕先鍾獲頒金石堂書店年

戰爭的歷史和未來有著濃厚興趣，並把自己擋在門外，並沒有阻斷了他的軍事夢，而是用獨立研究的方式去完成自己的夢想。一路走來，他一直是自己的最佳人和老師。

早年軍事資訊貧乏，他一直以自修方式累積這方面的學識，看中外文書刊，是他知識的來源，加上自己長期的思索，筆耕四千萬字，他的軍事著作等身，近年更走出軍事界以外的知名度，他的著譯影響年輕學子甚多。

對軍事來說投入一輩子，他無怨無悔，生活裡也只有三件事：看軍事書（每天固定看書兩三個小時）、寫軍事書（每天四千字）和教軍事（每週三在自家為淡大研究所開的「門課」），讀書是為寫書和教書，除兩者讀他自修之餘，也讓眾人同樂在軍事的天地中。目前一個人獨居在學生家附近的高樓上，家中雜誌滿屋，每日三餐則是兒子固定送來的便當菜色，過著極簡單的生活，不是不願上廟宇，而是他沒有時間，沒有精力，也沒有興趣涉及軍事以外的世界。

材。他謙虛的說，自己沒有念過研究所，但是有許多軍事學生，而擁有博碩士學位的軍界高官的導教，正是因為他從一個非科班出身的門外漢，經自修而成為戰略學界的佼佼者。

然而真正讓他一路堅持走來的不是虛名外在的肯定，而是自己對戰略研究的熱愛與不斷追求，從小他就對

的新書「戰略研究入門」發表會，出版社更是為他舉辦了一個盛大的發表會，邀集了數位軍事專家學者包括了國內，他說他們

鑽研軍事教學半世紀

紐先鍾發表「戰略研究入門」

87 10/17 中國時報

【記者陳文芬台北報導】軍校不曾唸，他卻當了軍校教官五十年。

八十五歲的戰略學作家鈕先鍾昨天（十六日）發表新書「戰略研究入門」，國三軍大學教務長固天、淡江戰略研究所長翁明賢、前聯勤總司令溫哈熊等軍事學家門生故舊，前往為老師慶賀，場面溫馨。

鈕先鍾一生秉持三書主義：讀書、寫書、教書，譯作有九十種，八十歲時以著作「中國戰略思想史」獲干城獎章，同年底以「孫子三論」獲選年度出版風雲人物。鈕先鍾謙在淡大教學系所時，曾經設法說服，當時軍事招生規定嚴格，他氣節高，不符合資格要求。

一九三五年他大學畢業後，投靠新聞記者，來台任新生報總編輯，並曾參與戰略家之翻譯「軍事譯粹」長達二十八年，將西方軍事思想引入國內，其著作思想也形成那個時代的一大特色，大陸學者也稱「國防部第十人」。

鈕先鍾表示，現在年紀大，不如以前一天可寫一萬字，他現在有個寫作計畫，想將中國歷史上十個決定性的會戰寫出來，他認為中國歷史學者都有不懂兵法的問題，許多記載，會讓讀者誤判不夠充足，而克勞塞維茲的「戰爭論」雖為經典，然而畢竟是十九世紀人的眼光，他說，新戰爭論比較值得期待的命題。

戰略學家國策研究表示，四十多年來台灣戰略研究能建立的戰略知識，又在此一領域維持不斷努力，早年台灣在軍事研究項目上，鈕先鍾譯作是其中所有人作品的總和，是擁戴「人說」一個學術的精神，至今還在延續。

教育部軍護課本編輯人員工作聯絡表

86.3.

姓名	原屬單位級職	聯絡電話	備考
鄧先揮	高雄市教育局軍訓室主任	07-3373136　07-3314836	
翟仲安	正修工專總教官	07-7312787　BBC070018657	
張教官	教育部軍訓處	3934101　3945789	
谷祖盛	文大上校主任教官	7068688~311　9497523	軍事戰史
葉克明	東海大學上校主任教官	04-3590303　02--8956607 傳呼　080060789~312(留言)	軍事知能
陳福成	台大上校主任教官	3635933　~~3637574~~　9328790	國家安全
李文師	政大中校教官	9387027~3024　2344804	兵學理論
蔣先凰	台大中校教官	3628079　~~3637574~~	國家安全
馮棟煌	青年高中少校教官	04-4954181~315 傳呼　02-2320933 呼叫 1297	國防科技
陳碧珠	北一女護理老師	3820484~215　5567581	護理
廖德智	~~[illegible]兵上~~校主任教官	6016241　2126835	
黃溪樑	文大中校教官	8616630 、 7851317	
林　芝、	幼獅文化公司副總編輯	311-2832~239　BBC092059865	
劉淑華	幼獅文化公司主編	3146001~233	
黃麗香	幼獅文化公司主編	3146001~237	
盧玉清	幼獅文化公司編輯	3146001~240　FAX　3612239	

教育部軍訓處軍護課本編輯作業人員名冊

86.7.

姓名	職掌	聯絡地址電話	備考
鄧先揮	督導	tel:（07）3373136，3314836 fax:（07）3314936	高雄市軍訓室主任
翟仲安	督導	tel:（07）7312787　BBC:070018657 （海青會(02)6016834）	正修工專總教官
張志漪	督導	台北市愛國東路 tel:（02）3934101—22，3945789	教育部軍訓處專員
谷祖盛	總負責	台北縣中和市宜安路 tel:（02）7068688—311，9497523	文化大學主任教官
林芝		tel:（02）3112832--239	幼獅文化公司副總編輯
劉淑華		tel:（02）3146001--233	幼獅文化公司主編
盧玉清		tel:（02）3146001—240　fax:（02）3612239	幼獅文化公司主編
廖副理		tel:（02）7386556--26	文盛公司副理
陳福成	國家安全	台北市萬盛街 tel:（02）3635933，9328790	臺灣大學主任教官
△李玉嬌√	國防科技	台北縣新店市民族路 tel:（02）9136902，29154903	開明高職教官
馮棟煌		台中市北區錦村東三巷 tel:（04）4954181—315，3602639，3602406 傳呼:（02）2320933—1297	青年高中教官
段湘麟		台北市晉江街98巷 tel:（02）2187144，2182214，3652475	莊敬高職教官
王富台	（大專）	台中縣霧峰鄉萊園村萊園路 tel:（04）4954181—313，3305184	青年中學教官
周健民	（高中） （概說、系統、槍砲、展望）	台中市練武路 tel:（04）2335972，2116481	新民商工教官
白國泰	（火箭、飛彈、戰艦）	台中縣龍井鄉中港路42巷 tel:（04）2840662，6317845	中興大學教官

第六章　職掌以外：凱悅飯店召開「軍訓教育的回顧與前瞻」學術研討會始末

大約二十多年前（我在小金門當營長），有位長官好心告訴我說：「陳營長，你要了解，職掌以內的事都單純，好處理；而職掌以外的事，不單純，不好處理，是門大學問。」我心不在焉的聽著，有聽沒懂。「你現在是營長了，要練習處理職掌外的事…」長官又補充…

那時我正處於不想幹狀態，那聽得進去。記得有一回這位長官對幾位營長說：「你們現在都是主官，要向上三級去接觸（要去認識你的上面三級主官），例如，你是營長，你的上面一級主官是指揮官，上二級是師長，上三級是司令官，要認識，要了解，要表現…」

這位長官就是現在肩上掛著六、七顆閃亮星星的趙世璋將軍（左右相加啦），當年他是小金門砲指部上校指揮官，而師長是張寧吾將軍，金防部砲指部指揮官是戴郁青將軍，金防部司令官先是宋心廉，不久換趙萬富。幾乎當時所有的長官對趙世璋都讚美有加，因為他對「職掌外的事」，實在太高明了。

我在野戰部隊度過十九年「悲慘」的日子（是真的），到了第十九年的老中校，像一隻鬪敗的雞、打敗的狗，拖著極疲乏的身，頹廢的心靈，轉教官到台大準備退伍。

因緣際會來到台大，沒想到在台大不久就「鹹魚翻身」，尤其《決戰閏八月》和《防衛大台灣》兩本書一出版，我簡直像教官界的「雷鋒」，紅了起來，那滋味真好！現在反省回憶，是那時幹了很多「職掌外的事」，包含前面幾章，含本章，對軍訓教官而言，都是「職掌外的事」！

論國家競爭優勢與國家安全

論文摘要

美國哈佛大學教授麥克・波特（Micheal E.Porter），提出決定國家競爭優勢的最佳組合：國家鑽石體系。這個組合即決定了競爭力的強弱。研究顯示，國家競爭優勢，也可以是國家安全優勢。

我國競爭力現況，人力素質和科技實力較佳，而政府效能、基礎設施和政經社會制度較弱。當前影響我國競爭力優勢的不利因素頗多，如公信力危機、統獨問題等。

國家競爭優勢與國家安全的關係：經濟與國防軍事的因果關係，競爭優勢即國力優勢，兩岸的競爭與合作消弭武力衝突，國家安全與競爭力有共同觀察指標。

提升國家競爭優勢確保國家安全：檢討改進不利因素，以競爭力提升國力，確保國家長治久安；強化競爭力與國防軍事的互動互補關係。

國家邁向下一個世紀，國家競爭優勢與國家安全的關係會更緊密。我們的青年學子還需要接受某種程度的國防通識教育嗎？其福禍將由全民來擔待。

壹、前言

國家競爭優勢與國家生存安全，都是近年來國內各界關注的焦點。競爭優勢的討論熱潮從民國八十六年四月麥克・波特（Micheal E.Porter）來台演講時達到最高點；而國家安全則早從民國八十四年，中共對我實施軍事威脅，升高兩岸軍事緊張，再度成為國人憂心的議題。畢竟「安全」或「生存」都是人類最原始、最基本的需求，欠缺了生存安全就會阻礙發展，也嚴重影響競爭力。

綜覽各家之論，看出國家競爭優勢與國家安全兩者，是我國施政工作上的重點。而這兩者存在某種關係，掀起競爭熱潮的波特教授沒有明白講出，國內似亦無人論及，講競爭力的人只講競爭力，談國家安全的人只談國家安全。本文試從比較宏觀的國家角度，探究兩者關係，話從國家競爭優勢說起。

貳、波特《國家競爭優勢》及其對我國的啟示

競爭策略理論大師、美國哈佛大學商學院講座教授麥克・波特（Michael E.Porter）的新著，《國家競爭優勢》（The Competitive Advantage of Nations）一書，已早在民國八十五年八月由天下文化出版公司發行中文版（李明軒、秋如美合譯），隨即引起國內各界普遍關注，波特本人於八十六年四月七日、八日兩天，應當時的行政院連兼院長邀請來華訪問，晉見李登輝先生，及發表有關國家競爭力演講等。

綜觀波特的演講、訪談內容，大體上不離「國家競爭優勢」一書範疇，該書之重點是波特教授費時三年，對十個國家（美、德、端典、端士、丹麥、義大利、英、日、南

韓、新加坡）產業發展，完成比較研究後，提出了著名的「菱形理論」（如圖A）（註一）。波特認為有兩組因素決定國家競爭優勢。

第一組基本因素是：

㈠生產要素：包括人力資源、自然資源、知識資源、基礎建設

㈡需求條件；

㈢相關與支援產業；

㈣企業的策略、結構與競爭對手。

第二組附加因素是：

㈠機會與㈡政府。（註二）

對第一組四個因素所構成的菱形關係，波特形容為「國家鑽石體系」，國家是企業最基本的競爭優勢，因為國家能創造並持續企業的競爭條件，影響企業所做的策略。第二組的「機

圖 A 菱形理論：決定國家經濟優勢的鑽石體

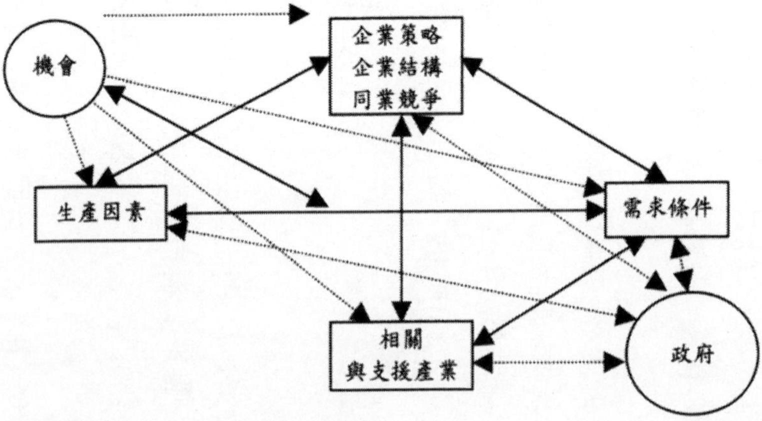

資料來源：波特（國家競爭優勢）

會」與「政府」，是國家環境與企業競爭力關係上的兩個變數，但機會通常是政府所能控制的。一個國家的競爭優勢，要厚植於持久的「鑽石關係」上，即兩組因素相互發展、配合、刺激、提升，這是國家不斷進步的最佳組合。

根據波特的研究，企業成功及經濟繁榮的動力是壓力、挑戰和機會，而不是靜態的環境或外在的協助，進步是來自變革，而非為穩定而穩定的偏見。是故，國家競爭發展呈現階段性的關係鏈，此即國家經濟發展的四個階段。如圖B。（註三）前三階段是國家競爭優勢升級的主要力量，通常會帶來經濟上的繁榮。第四階段則是經濟上的轉捩點，有可能因此而走下坡。按照這四個發展階段，台灣或許正界於第二個投資導向與第三個創新導向階段之間。

波特在書上對「競爭力」一詞，並不做精確的概念界定，也不去辯論什麼是國家的「競爭力」。但波特簡單而直接的說，「在國家層面上，競爭力的唯一意義就是國家生產力。」（註

圖B 國家競爭力發展的四個階段

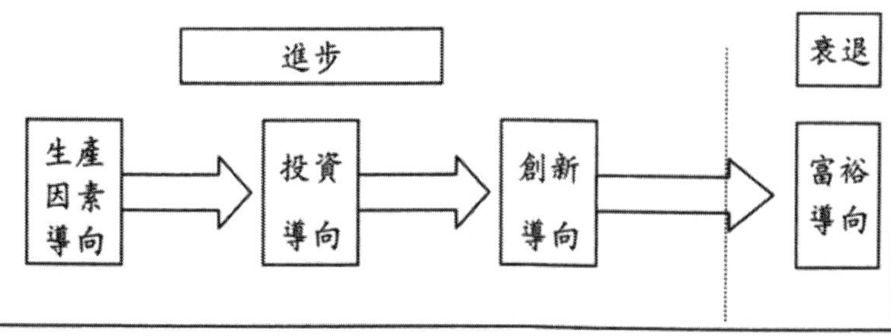

四）生產力是國民平均所得的本源，決定一個國家長期生活水準的關鍵。瞭解波特「國家競爭優勢」應該給我們重大的啟示：台灣競爭力現況如何？又如何檢討改進？「國家競爭優勢」與「國家安全」存在何種關係呢？如何鞏固與發展我們的競爭力，安定安全的邁向我們下一個千禧年（Millennium）。

參、我國競爭力現況

觀察國家競爭力現況，比較方便與客觀者，還是要透過各種指標，但並沒有那一種指標是長期性的標準。縱使端士洛朵國際管理學院（IMD）發表的一九九七年國際競爭力報告，也過於獨斷與主觀，可以做短期觀察參考。（註五）以下到出三種以觀察我國競爭力現況。

第一種：IMD 近三年競爭力（如表一）

IMD 評比對象包括二十六個經濟合作暨發展組織（OECD）會員國、二十個新興工業化國家與新興國家，計四十六個國家。（如表一）競爭力評估根據軟、硬體資料，有八大項，二百二十四個小項。按本表，台灣從一九九五年的第十四名，掉落到一九九七年的第二十三名，退步最多的是政府效能，進步最多的是科技實力。值得重視者的是中

國別	分數	1997	1996	1995	國別	分數	1997	1996	1995
美國	100.00	1	1	1	盧森堡	66.40	12	8	
新加坡	87.54	2	2	2	紐西蘭	66.17	13	11	9
香港	74.62	3	3	3	德國	64.45	14	10	6
芬蘭	70.80	4	15	18	愛爾蘭	63.29	15	22	22
挪威	70.61	5	6	10	瑞典	59.56	16	14	12
荷蘭	70.29	6	7	8	馬來西亞	58.87	17	23	23
瑞士	69.80	7	9	5	澳洲	58.59	18	21	16
丹麥	68.75	8	5	7	法國	58.37	19	20	19
日本	68.71	9	4	4	奧地利	57.63	20	16	11
加拿大	67.76	10	12	13	冰島	55.20	21	25	25
英國	67.26	11	19	15	比利時	54.16	22	17	21
委內瑞拉	17.71	45	45	44	俄羅斯	5.00	46	46	46
台灣	54.14	23	18	14	義大利	34.67	34	29	29
智利	52.03	24	13	20	捷克	34.51	35	34	39
西班牙	48.75	25	29	29	匈牙利	34.09	36	39	41
以色列	48.01	26	24	24	希臘	33.14	37	40	40
中國大陸	43.93	27	26	31	土耳其	32.78	38	35	35
阿根廷	42.19	28	32	30	印尼	28.82	39	41	34
泰國	40.70	29	30	27	墨西哥	28.44	40	42	42
南韓	40.48	30	27	26	印度	23.80	41	38	37
菲律賓	38.41	31	31	36	哥倫比亞	21.41	42	33	33
葡萄牙	35.12	32	36	32	波蘭	19.46	43	43	45
巴西	35.04	33	37	38	南非	19.02	44	44	43

國大陸，從一九九五年的第三十一名，進到一九九七年的第二十七名。

第二種：WEF 世界經濟競爭力（如表二）

端士世界經濟論壇（WEF）一九九七年「世界經濟競爭力」年報，如表二僅列亞洲國家。按本年報，全球列入評比的五十三個國家中，我國在經濟競爭力的總排名第八，評估依據是八項指標，我國最佳的是人力素質，最差的是基礎設施與政經社會制度，最值得重視的是新加坡和香港，竟名列第一二。（註六）

第三種：美國「世界報」的國富三角指數

該報的「國富三角指數」（Wealth of Nations Triangle Index）根據國際貨幣基金會、世界艱行、聯合國、美國農業部、中央情報局國力報告等所公佈數據編纂而成，每年三月和九月各發表一次，也是各國競爭力參考指標。所謂「國富三角指數」包含三大範疇：

㈠經濟環境：有國內環境、企業環境和經濟自由化。

㈡資訊取得：涵蓋資訊性向、資訊架構和資訊分配。

經濟體		新加坡	香港	中華民國	馬來西亞	南韓	中國大陸	菲律賓
總排名		1	2	8	9	21	29	34
分項排名	經濟開放	3	1	12	16	38	48	39
	政府效能	1	2	8	6	10	12	13
	金融實力	1	4	11	6	9	16	35
	基礎設施	2	1	28	5	21	40	32
	科技實力	1	21	17	23	26	37	35
	企業管理	7	13	18	20	29	43	23
	人力素質	2	1	3	20	14	8	32
	政經社會制度	9	19	28	26	32	24	46
	資料來源 1997 年瑞士日內瓦世界經濟論壇「世界經濟競爭力」報告							

㈢社會環境：穩定與發展、健康與自然環境。

國富三角指數的評估指標再細分，共有六十三項因素，綜合可稱之「投資環境」。在一九九七年三月所做的調查，我國在全球三十五個新興經濟體中，經濟環境排名第一，資訊取得排名第三，社會環境排名第七，總排名高居榜首。（註七）

在這項評估指標中，南韓排名第二，中國大陸排名第十九。

肆、當前影響我國競爭力優勢的不利因素分析

從前項我國競爭力現況中，不難發現一些影響我國競爭力優勢項目，這就是各類「不利因素」聚積而成。如 IMD 評比的政府效能和國際化程度，WEF 評比的基礎設施和政經社會制度，美國世界報評比的社會環境方面，就是造成我國競爭力後退的項目。惟加以解析，可分以下各項陳述之。

一、公信力危機——民眾對政府公權力的不信任

根據波特的理論與實證研究結果，政府政策會影響到國家優勢，而且它的影響力可正、可負。所以波特把政府視為創造生產因素的「發動機」，包括提升人力資源、基礎

科學、基礎建設、經濟資訊。（註八）我國所指的公信力危機，就是指政府這部「發動機」出了大問題，且範圍可能更廣泛，例如與公權力有涉及到的行政、立法、司法、監察等系統，及社會治安、環保、文化資產保護、婦女與弱勢者保護……甚至政治人物的言論，民眾對政府公權力似乎存在著普遍性的不信任感。「公信力危機」在我國是存在多年的老問題，但這如果始終沒有改善或惡化，對競爭力優勢則有更大「殺傷力」。

二、政府效能欠彰——官僚體系尚未完成現代化

按照韋伯（Max Weber）的官僚理論（Bureaucracies Theory），傳統的政府組織（韋伯稱為官僚）是運用權力在維持整個組織的規範，易使成員萌生疏離感（Alienation），大家只做表面工作，政府的效能（Effectiveness）和效率（Efficiency）都難以提升。（註九）「現代化」（Modernization）是改進與測量政府效能的標準，只要政府組織與制度上達成現代化，效能與效率的提昇就是一種「必然」。

香港「政經風險顧問公司」每年調查亞洲各國的「官僚問題」，一九九七年三月公佈的亞洲十二國調查報告，以南韓「最官僚」，台灣次之，（註一〇）這是我們要警惕與改進的問題。

三、政府的整體施政受到太多負面因素分割

這些負面因素來自政黨間惡性競爭、統獨爭論、國家認同等方面，導致政府的整體施政受到抵消、分割，呈「一國多制」怪現狀。分屬不同黨派的地方首長，就分別推行不同制度，也許為了討好選民，也許是意識型態（Idcology）之爭。如社會福利、教育，都出現類似問題。

四、治安與環保問題危及經濟發展和外商投資

理論上環保和經濟發展是並重的，但眼見我們的環保成效不彰，自然生態和居住環境都遭受重大破壞則是事實。而治安已成為國人揮之不去的夢魘，特別是白曉燕等三大命案發生，有如對這個社會投下三顆「精神原子彈」，人人自危的程度達到「臨界點」。這些問題不能有效改善，談競爭力優勢根本是神話。

五、若兩岸關係失控、失衡——危害國家安全

八十四年間兩岸關係緊張，當時調查我國影響經濟景氣的原因，國內及兩岸政治情

勢影響力高達百分之六十。（註十一）副總統連戰先生在為波特的書作序時，把我國要提升「全球競爭力」因素加入「兩岸關係」一項。目前兩岸分治，中共不放棄武力犯台，若兩岸關係失控、失衡，對安全的威脅將超越社會與經濟層次，而達到危害國家安全。

六、「貪污、黑化、黃化」正在腐蝕社會各階層

隨著白曉燕等三大命案發生，治安惡化再度撼動著民心。這裡分開來看是三個問題：貪污腐化、黑社會及色情。但在某種程度上三者也常是相互掛勾的，一個腐化氾濫的社會，也經常是暴力橫行的社會。此三者及其「週邊產業」正在腐蝕整個社會的各個層面：

根據世界銀行顯示台灣是貪污盛行地區。（註十二）

台灣治安已經「西西里化」。（註十三）前法務部長廖正豪指出，「台灣黑槍可裝備三、四個師」。（註十四）

台灣的雛妓四萬至六萬。（註十五）

這些指標告訴我們「社會生了重病」，若不能有效治療，也難當提升競爭力的重責大任。

伍、國家競爭優勢與國家安全

「國家安全」（National Security）一詞在概念界定上並不很明確，但國家安全與人民生活品質卻有直接關係。歷史就是一面鏡子，當國家不安，戰火蹂躪，人民日子如何好過，是故「自古以來，國家安全都是立國最重要的考量因素，當國家安全受到威脅時，人民的生命、財產，也不易得到有效的保護，遑論領土、主權的完整。」（註十六）波特亦認為國民生活水準的提升，需要企業不斷提升和創造符合時代需要的生產力，故生產力決定一個國家長期的生活水準。（註十七）波特雖未指明國家競爭優勢與國家安全的關係，但研讀他的書及訪談演講內容，他其實已經闡揚了這兩者「互為表裡」的關係。本來嘛！國家安全經常受到威脅，長期處於戰亂，何來「國家競爭優勢」呢？（註十八）以下試提出幾點意見。

一、經濟競爭力與國防軍事存在的因果關係

有堅強的基礎工業水準，才能造出高品質的武器裝備；而不是因為有良好的國防工業，才有良好的工業水準。這是一個因果關係，例如波特所列舉的美、日、德、義等國，

就是有競爭力優勢，基礎工業雄厚，才有高品質的國防科技。前蘇聯顛倒了這種因果關係，全力發展武器，導致經濟競爭力喪失優勢。蘇聯解體亡國的最大、最重要原因之一，就是經濟失敗。（註十九）根據英國駿懋銀行研究顯示，「軍事支出愈高，經濟競爭愈低」。（註二十）理論與實際証明這項因果關係不可任意違逆。

二、國家競爭優勢即國力優勢，即國家安全優勢

波特根據實證研究建立經濟優勢的鑽石體系，並提出「生產力＝競爭力」這個公式。（註二一）吾人觀察研究認為「生產力＝競爭力」，即總體國力（Total National Power，簡稱國力）。當代學者提出國力指標，包括資源、經濟活動力、科技能力、社會發展程度、政府調控能力、外交與軍事能力，細分指標有八十五個。（註二二）這和波特決定國家競爭力的兩組因素（圖A）多所重疊，國力是以國家的「安全——利益」為歸屬。故國家競爭力獲取優勢，是國力上的優勢，更是國家安全優勢。

三、兩岸競爭合作消弭武力衝突，維護國家安全

八十三年國內有一場「中國歷史上的分與合學術研討會」，與會學者一致認為，一

切學術、文化、思想、經濟的交流，就是為了要消弭武力上的「交流」。（註二三）波特亦認為台灣要提升競爭力，兩岸關係是重要之一環。若台灣不與中國大陸經濟交流，可能無法成為有競爭力的國家。建立合作競爭方式，但不可對大陸太依賴，建立台灣的競爭優勢，可使大陸未來二、三十年仰賴台灣，更能增加台灣的談判籌碼。（註二四）

四、國防軍事上的有利因素助長經濟競爭力

在波特的實證研究中也發現，國防軍事上的有利因素助長經濟競爭力。例如美國龐大的國防計劃有助於發展科學和創造先進的市場需求；端士有良好的兵役制度成為人力資源的重要機制，幾乎人人受過軍事訓練，養成尊重紀律的態度，有利於產業發展。（註二五）這是國家為了要提高安全程度，不得不增加國防預算，因而帶動經濟競爭力，但避免有違「經濟競爭力與國防軍事存在的因果關係」。

五、國家安全與競爭力的觀察指標：痛苦指數

國家是否安全？經濟競爭力是否優勢？有各種不同的觀察指標，痛苦指數（Discomfort Index，即通貨膨脹率＋失業率）是比較簡單的一種。當國家處於和平安全

狀態，痛苦指數極少大幅升高。但當國家處於戰爭、內亂或內戰狀態，經濟競爭力明顯趨弱，痛苦指數則快速、大幅高長。表示國民生活品質可能衰落，生命財產亦可能不保。

陸、提升國家競爭優勢，確保國家生存安全

展望公元兩千年的大趨勢，是全球經濟力量橫掃國界，帶來更多民主、自由與繁榮，形成全球經濟體；民營化勢在必行；東方興起，西方不一定沒落；教育是亞太地區的競爭優勢。（註二六）我們正處在高競爭時代，沒有競爭力優勢就是落伍與失敗，因此我們要從現況深入檢討、改進、提升，邁向未來光明的前景。

一、針對現況各種不利因素檢討改進

當前影響我國競爭力優勢的不利因素（如「肆」節六項），也許陳述不夠周全，觀察不夠敏銳，可能還存在有其他的不利因素。例如最近有學者從「結構經濟學」的觀點分析，台灣每十萬人口即產生二十三點七位中央級民代，其密度是美國的十點八倍，或日本的三點七倍。即使加上地方級民代，台灣的民代數仍為美、日的二至三倍。民代密度過高，帶來關說壓力和財政負擔，是對國家競爭力的不利。（註二七）現況難以列舉

的窮盡，故此處「針對現況」不利因素，除本文「肆」節各要點外，尚有社會現存的其他不利因素。種種的不利因素不僅傷害競爭力優勢，也危及國家生存安全。當不利因素愈來愈少，就是一種進步，不利因素消失就是改進了。

二、政府、企業及全民要有整體努力目標

提升國家競爭優勢，並不全靠國家。波特明白指出，政府該做的是成為鬆綁或擴大鑽石體系的力量，當政府成為鑽石體系的閘門時，它可以創造創新的機會和壓力。所以成功的政府政策，是創造競爭優勢的環境，而非直接介入競爭過程。「從事產業競爭的是企業，而非政府。」（註二八）社會與政治的歷史背景，文化體系或價值觀，教育與人口素質等，都影響到競爭優勢的形成。政府、企業與國民在競爭過程中雖各有不同角色，但需要有整體努力目標，這是副總統連戰先生在為「國家競爭優勢」寫序時，提出的十

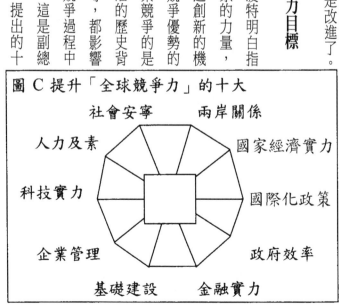

圖C　提升「全球競爭力」的十大

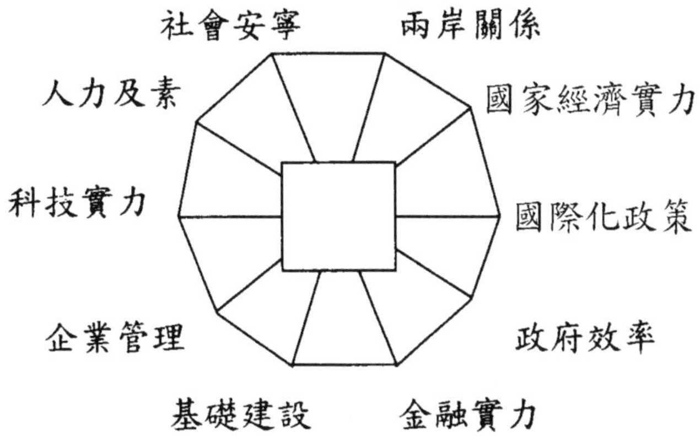

項整體作法，如圖C。

三、競爭力優勢全面提升國力確保國家長治久安

民國八十四、八十五年間，中共戰力居優勢，台灣戰力明顯趨弱，形成中共武力犯台之良機。（註二九）兩岸軍事緊張造成對政治、經濟及國家安全的傷害至鉅，「國家競爭力的涵義非常廣泛，要而言之，就是指國力的全面提升」（註三十）國力是以國家的「安全—利益」為歸屬。國家競爭力優勢並非指短期間達成某項優勢，而是展望未來的「長治久安、百年大計」，全面厚植國力，這才是維護國家安全，永續發展與生存之道。

四、按我們自己的國情特質調整步調，即知即行

「大未來」將在全球掀起革命性的快速變遷，但每個國家的經濟和財富創造體系，都要有自己特定的步調，太慢了會報銷，太快了就會崩散。（註三一）顯見我們未必要與別國同步，我們有困境尚待突被，有難題尚未解決。根據波特的看法，台灣目前最難能可貴的是擁有高水準的技術、教育、強而有力的企業及企業競爭精神，顯見台灣未來

競爭力的關鍵要素都已存在。（註三二）所以我們不必妄自菲薄，惟須按自己國情特質調整步調，即知即行，超越兩千年這個競爭力的大時代。

五、強化國家競爭優勢與國防軍事的互動互補關係

從波特所研究的全球十大國家競爭優勢國家，同時也是國家安全的優勢者。以日本為例，在重工業和化學工業的比重上，名列世界第一。在鋼鐵、汽車、船舶等十多種產品的產量，均居世界首位，可為國家競爭優勢的「超強者」。這些優勢也可以快速轉換到軍事用途，如以30％汽車工業轉產坦克，可年產一萬輛坦克。若以60％造船能力轉製軍艦，則可年產八百萬噸以上軍艦。所以這個號稱「沒有軍隊的國家」，已經是一個潛在的軍事大國"（註三三）其他國家大體上也有這種很好的互動互補關係。近年來我國家安全飽受威脅，軍備採購受制於外在因素太多，若能提高產業競爭力與國防軍事上的互動互補關係，應不失為維護國家安全的根本之道。

柒、結語

本文試圖從波特的國家競爭優勢，探討與國家安全的若干關係。而國家安全目前是

我國高級中等以上各級學校軍訓課程六大領域之一。其他五個領域是兵學理論(Theory of Military Science）、戰史（Military War History）、國防科技（Science and Technology of National Defense）、軍事知能（Intelligence and Capability about Military Affairs）和軍訓護理（Nursing in Military Training），這六大領域課程若給它一個概括性通稱，即可稱之「國防通識」教育。據本文所探究，多數國民對國防通識上的認知與程度，這和國家競爭優勢與國家安全，有著環環相扣的關係，可見的未來──下個世紀，這種關係將更緊密。

當教育改革的列車向前急駛，軍訓制度面臨強大挑戰時，我們是否也該思考一個前瞻性的問題：當國家邁向下個世紀，我們的青年學子是否還需要接受某種程度的國防通識教育?要與不要，都和當時的國家競爭優勢與國家安全有著緊密關係。是福!是禍!卻要全民來擔待──祈願你我不是罪人。

註釋：

註　一：波特（Michael　E.porter)，《國家競爭優勢》（The　Competitive　Advantage　of Nations），李明軒、邱如美譯，第一版十印（台北：天下文化出版公司，民國

86年6月30日），序頁五。

註　二：同註1，序頁三—四。

註　三：同註1，見下冊，第三篇，第十章，頁七八三。

註　四：同註1，上冊，頁十一。

註　五：一九九七年端士洛桑國際管理學院的「國際競爭力年報」，可見中國時報，86年5月19日，第四版。

註　六：一九九七年端士世界經濟論壇年報，可見聯合報，86年8月12日，第四版。

註　七：一九九七年三月美國世界報的「國富三角指數」，見聯合報，86年3月3日。

註　八：同註1，下冊，第十二章。

註　九：呂亞力，政治學方法論，三版（台北：三民書局，74年9月），第二十四章。

註一〇：本文對「現代化」不再做更深入探討，讀者可見其他相關專書。香港「政經風險顧問公司」的官僚調查，可見聯合報，86年3月3日。

註一一：聯合報，84年9月16日，第三版。

註一二：中國時報，85年10月28日。

註一三：中國時報85年11月23日。

註一四：聯合報，86年5月25日，第七版。

註一五：中國時報，85年8月27日。

註一六：台灣大學軍訓室編印，陳福成，《國家安全概論》，8月初版，序頁一。

註一七：同註1，頁十—十一。

註一八：本文對國家安全不做概念上界定之研究，惟國家安全包含三個範疇：國際安全（是透過區域或集體安全以達成國家安全）；軍事安全（是透過建軍、備戰與用兵維護國家安全）；內部安全（是透過內部社會、經濟上的安全以鞏固國家安全）。見註16書，第一章。

註一九：尹慶耀，獨立國協研究（台北：幼獅文化出版公司，84年10月），頁六四。

註二十：高希均，經濟學的世界，上篇，第一版（台北：天下文化出版公司，80年元月31日）第十三章，頁二四一。

註二一：同註1，上冊，頁一一。

註二二：宋國誠，「中共綜合國力的分析模式及其測算」，中國大陸研究，第三十九卷，第九期（85年9月），頁九—十。

註二三：聯合報，83年7月16日，第六版。

註二四：中央日報，86年4月8日，第二版。

註二五：同註1，上冊，第七章。

註二六：奈斯比‧奧伯汀（John Naisbitt and Patricia Aburdene），2000年大趨勢（Megatrends 2000），尹萍譯，第一版23印（台北：天下文化出版公司，82年12月30日），第一、五、六章。

註二七：聯合晚報，86年4月25日。

註二八：同註1，下冊，頁八九四—八九五。

註二九：中國時報，83年3月16日，第四版。

註三十：同註24。

註三一：艾文‧托佛勒（Alvin Toffier），大未來（Powershift），吳迎春、傅凌譯，第二版（台北：時報文化出版公司，84年3月30日），頁二二九—二三〇。

註三二：同註24。

註三三：高輝陽，「日本軍事潛力不容小觀」，中國時報，民國86年8月11日，第十一版。

作者簡介

陳福成：
學歷：三軍大學陸軍指參學院、政治作戰學校政治研究所碩士
現任：台灣大學上校主任教官

重要著作：

「決戰閏八月——中共武力犯台研究」（84年金台灣版）

「防衛大台灣——台海防衛作戰研究」（85年金台灣版）

「國家安全概論」（86年台大版、幼獅版）

「國家安全與情治機關的弔詭」（87年幼獅版）

附錄一：論文評論

第一場討論會「軍訓教育的現況與意義」

主持人：淡江大學校長張紘炬博士

論文題目：軍訓教育在我國當前國防教育的戰略意涵

論文發表人：施正權博士（淡大戰略所教授）

論文內容資料如附件（會議論文）

論文評論人：羅致政博士（東吳大學政治系副教授）

發言內容：

國防教育在時代環境變遷中扮演著重要角色，而其在大學教育中應符合供需法則。教育內涵應考慮大環境及內部環境格局，台灣處於國際、國內環境的特殊性造成對國防教育的需求性。所以要先考量台灣所處的大環境，然後才切入國防教育的需求探討。如此才會讓人覺得國防教育有它的重要性存在。

國防教育的文章期刊在台灣應該是很多（除非把它定義在只談軍訓教育的存廢

上），供給面是有的，未來應在供給面上尋求如何讓它多元化、制度化、法制化，以彌補缺憾。不要偏離爭議的主題，從大角度、大環境來看台灣的特殊國際環境對國防教育的需要，再提出健全而有法制基礎的供給面。讓此二者結合在一起，則這樣的探討能讓整個國防教育的爭議比較少。

許多問題值得討論：是不是該成立國防教育法、把教官定位為國防教師？國防教育是否一定要由教官或國防教師來擔任？是不是成為通識必修課程？諸如此問題等，在需求和供給面上的每個環節，皆有它討論的必要性。

論文題目：國家競爭優勢與國家安全

論文發表人：陳福成上校（台灣大學主任教官）

論文內容資料如附件（會議論文）

論文評輪人：楊永明博士（台灣大學政治系助理教授）

發言內容：

陳上校在本篇論文中，將國家安全與國家競爭優勢加以聯結，是一個很好的話題。本人受益良多，也願提出增加一些延伸討論的地方。

國家安全可分為三個層面：1.國際安全 2.區域安全 3.國家安全。這三者並非絕對重疊；國家安全的增長，可能會影響區域安全或國際安全，也可能不會；但國際安全與區域安全的增長，則絕對會影響到這個區域或地球村內的國家安全。所以國家的經濟發展成長，其實也是國家安全裡面要考慮的因素之一。

國家求生存，基本上就是為確保國家本身利益及權力。權力可分為相對權力、絕對權力；而國家安全保障就是尋求一個絕對權力的增長。

國家安全其實有很多不同的方向可以思考。談到國家安全或國家競爭優勢時，常提到軟性權力、硬性權力；事實上，在當今後冷戰時期，大家更重視的是軟性權力，也就是經濟、威望、政治、士氣等，再結合軍事，形成整個國家安全的思考方向。

論文題目：國防教育與軍訓教育

論文發表人：劉湘濱將軍〔三軍大學戰爭學院戰略研究所所長〕

論文內容資料如附件〔會議論文〕

論文評輪人：張家宜博士〔淡江大學副校長〕

發言內容：

國防教育的定義為何？國防教育與軍訓教育二者究竟有何不同？差別何在？在劉將軍這篇論文第二頁提出國防教育的主要內容包括：國家安全、軍事理論、國防科技、戰爭史等，我對照了一下我們學校（淡江大學）的軍訓課程，這些都包括了，是不是表示軍訓教育即為國防教育？又這些主要內容是不是能充分反映同在本論文第二頁所提出的"國防教育主要意涵"。

劉將軍指出：我國有台海危機，卻是最不重視國防教育的國家。個人以為我們的軍訓教育從高中一直上到大學，在大學中過去也一直列為兩年必修，直到最近才改為一年必修、一年選修，所以其比重甚至超過了大一國文、大一英文等其他課程；以此角度觀之，我認為我們國家是相當重視國防（軍訓）教育的。當然在大學中我們培養了很多政治、經濟、心理的人才，這些人才廣義來說，都是我們國防的力量，但是不是缺乏國防或國家意識，以致誠如劉將軍所指出，前年台海飛彈危機，有大量外匯和移民流出。問題的癥結在那，確實值得思考；因此如果只是把軍訓教育通過國防教育來納入體系，也把軍訓處改為國防教育處，軍訓教師改為國防教師，如此初步是換了招牌，而教育內容若沒有隨著時代的腳步調整更新，未來也許還是會面臨同樣的問題。

個人並不同意國防教育完全都要由擔任軍職的人來講授。如劉將軍所言：「現代的國防教育是綜合了政治、經濟、軍事、心理各個層面」，所以國防教育應該是結合各學科的文人及各兵科的軍事教官，共同來規劃出像科技整合一樣的課程，從課程的修訂，到教學方法等等，都要重新做一個改革思考，來贏得學生的興趣，落實教育成效。

今天在座的各位，仍以男性為主，女性佔的比例非常少。事實上，從高中開始，我們似乎一直在塑造男生唸軍訓，女生唸護理一成不變的刻板印象。在此提倡兩性平等、平權的時代，我們未來的國防教育，不只是男生要修，女生也要參與；就如本校的通識核心課程裡面開有：戰爭與和平、國際關係等課程，男女同學都可以修；所以未來我們的國防教育，應該是一個科技整合，又是兩性兼顧的課程。

自由發言：

國立藝術學院林國源

如教育部林清江部長提出的「學習型的組織」的概念，未來學校的軍訓教育裡面要有國防教育的內涵，國防訓練體系中更應該要有學習型組織的內涵，讓我們的國防教育體系能來個革命。

台北體育學院楊濟華

個人從事軍事研究有一段時問，提出個人見解來與大家分享：一個菱形，左邊是兵、上為武、右為文、下為才。兵是孫子兵法，是戰鬥；武是左傳所稱的止戈為武，是放下武器；文則是以思考的方式讓人放下武器，才是中國傳統軍事思想的突破。然後文、武、兵都有了發展方向，就會走向戰爭藝術，就是才。所以，如果，一個人的生存是使用兵，使用武力，表示已走到窮途末路。多位發表人、評論人都提到軍訓教育要提高層階，我要提出一個更重要的看法：「兵者，國之大事，死生之地，存亡之道。」所以：一、軍訓教育要從生死存亡之道談起。二、生死存亡在軍事原理裡面，我們要從計劃作為開始，而計劃從腦海裡，這是另外一個生死。三、國內曾經常發生意外事件，也有很多人鬧自殺，這種自殺行為的終止，也是我們軍事教育要提升的層階。

立法院馮定國委員

軍訓教育對學校學生的群育美育也很重要。今天軍訓教育在學校所面臨的困難，主要是受到意識型態的挑戰。今天的孩子不好管，如果有一天軍訓教官離開了高中的話，不知道高中的老師要怎麼去管。甚至國中校長的座談會都希望軍訓教官也能到國中來，因為教官穿上制服有威嚴，能讓孩子敬畏、收斂。

我們知道教官在學校的功能，軍訓教官在學校的功能不應被抹殺。建議能以上軍訓課程抵免兵役役期，像上成功嶺抵免兵役一樣。

立法委員林哲夫

看到今天能以論文發表的方式來探討全民的國防教育與軍訓教育，是社會很大的進步。論文中提到全民國防教育，但內涵沒有提到；另外非軍事的國防教育也很重要，但也都沒有提到，很可惜。

副校長提到：上軍訓課需要Team Teach，因為不可能一個人懂得全部的軍事，所以希望軍事與非軍事的人員相配合，這樣我們的國防教育才能全民化、普遍化。

淡江戰略所研究生王祿雄（備役少將）

關於國防教育與軍訓教育是否為同一回事？國防教育層次較高，範圍也很廣，包含情勢評估、戰略構想的建立、戰略計劃作為，所以戰略不是軍事，還包括政治、心理等各方面。

軍訓教育則是在高中、大專，實施的是軍事訓練教育，所以就名詞來看，軍訓教育只是國防教育裡面一個鑾低的層次而已。

立法委員簡錫堦

除了軍事力量以外，參與和平也是人類所追求的。現在，如果沒有動武的藉口，動武是應該受到唾棄的。韓國光州事件，因為學生用槍，讓當局有了以軍人鎮壓的藉口。台灣的100行動聯盟曾用非暴力方式，讓我們的鎮暴部隊以和平的方式來相對待，彼此之間是相互信任的。

軍訓課程應教導「非武裝的群眾性防衛」觀念。此一概念源自甘地的不合作主義。此一主義正發展一種關係概念。如果有一天被人佔領台灣，我們的人民應該知道可採不合作的此一對抗方式。不當他的公務人員，或者癱瘓敵人不給他資源，或採罷工，罷課等方式，讓世界各國唾棄這樣的非法佔領，讓他得不到世界各國的支持。所以我們軍事教育應有新的國防概念，就是「群眾性的防衛」，讓對方沒有動武的藉口。

但是我們還是不能放棄武力，我們需要精簡的國防。只是人民的對抗是用非武力的方式，否則人民武力的對抗，死傷是最嚴重，最沒效率的。

金先生

建議淡江大學能將本次研討會的結論、建議，提到明年國科會要舉辦的人文科學研討會裡面去。

希望國防部能與教育部好好溝通協調。

第二場討論會「軍訓教育的角色、功能與定位」

主持人：輔仁大學校長楊敦和博士

論文題目：從社會功能學派談軍訓教育在我國教育體系的角色與功能

論文發表人：黃俊傑傳士

論文內容資料如前文（會議論文）

論文評輪人：柯三吉傳士（中興大學副校長）

發言內容：

大法官會議450號釋憲案是民進黨立委謝長廷等人為挑戰體制，質疑軍訓制度存在大學的問題而提出。從公共政策的角度來看，包括輔仁大學等各個學校都肯定教官對學校貢獻，只要學校或學生發生意外、緊急事件，教官都跑在第一線，教官總是能夠達成所賦予他們的任務，而這許多學生事件的處理，想找教授還真是有困難的。

目前中共對我敵意並未消除。我個人對國防教育存在大學與高中，是抱持肯定的態度的。

明年各大學要更加自主了。教官的去留將面臨若干問題，如：㈠改成教學人員，將有通過三級三審的困擾；㈡是否要修訂軍訓教育法或國防教育法，或訂定特殊審查法使不同於一般教師。這都是很嚴肅的事情；㈢若回歸擔任行政人員，又涉及高普考之任用問題；㈣如為國軍轉役，在目前教授到各單位都很困難的情況下，上校也只能轉到與國防有關的單位，這也牽涉到基本法上的問題，應儘速思考規劃，以利施行。

論文題目：從一個外國教授的角度看大學教官對學校的貢獻

論文發表人：艾立勤博士

論文內容資料如附件（會議論文）

論文評論人：李振英博士（輔仁大學前校長）

發言內容：

一般私立大學對教官的肯定聲音比較大；公立大學也有，只是聲音比較小。國立大學對很多事情的態度都一樣，常持反對、否定的態度，而媒體也特別有興趣，報導得特別多。若做個民意調查的話，我相信教官會獲得普遍民意的肯定的。軍訓教育，教官的前途由大學來自主。強調是民主的趨勢潮流；在技術上、法律上，我相信我們的教育界，有足夠的智慧來解決這些問題。

以前在戒嚴時期，教官可能讓人有代表某種政治勢力監督、干預學校的不好印象，但現在國家開放，走上民主以後，已經沒有這種情形了。教官在學校都是扮演服務、犧牲、奉獻，與輔導單位或各級行政單住、系主任、教授、院長們合作與配合度都很高，所以對學校安全及各方面正常發展運作都有很大幫助。

現在，在大學裡面，找不到一個單位來對學生講愛國教育，愛國使命，愛國的責任，愛國的精神，似乎只有教官還會給學生灌輸點國家認同的觀念；如果愛國的精神沒有了，再講國防、心防，也不太容易了，所以希望教官們能多給學生一點憂患愛國意識與危機感。

論文題目：論軍訓教官在法律上的地位

論文發表人：韓毓傑博士

論文評輪人：董保城傳士（政治大學法律系教授兼任總務長）

發言內容：

大學裡有一批人，未得到尊重、尊嚴，也未發揮應有功能，他們就是教官。

高中高職軍訓教育狀況與大學是全然不同的，但本文並未予區分。大學教育的特質：大學教育是有革命性、天生批判性。現在如果還講服從則是失敗的教育。應教育學生創作學術、創造文明，使大學的定位，從過去的比較順從，現在回歸其本質批判性。各國大學的叛逆性都是存在的，所以政府都不喜歡大學。

目前雖有教育部的軍訓組織相關法規，但不能解釋成將來作用法，尤其課程訂為必修是不行的。韓教授所稱將來另訂一單獨法律來規範軍訓教育。以目前整個國家的情形來看是不太可能的。倒是可藉即將修改大學法時，仿效德國大學基準法（70, 76 條，警官學校問題）之類型化放入一條：有關於訓練未來特殊目的而成立的學校，應送教育部核定。經費方面，以法國國防大學來說，40％來自教育主管機關，60％來自國防部。

自從大學法把軍訓室列為各校一級單位後，各校學務長不再對軍訓教官有人事考核權。軍訓室公文亦直上校長，不經學務長，因此各學務長總有請不動教官之感，殊為遺憾。軍訓與學務應是一體的。將來教官的工作任務應如何調整？教官要發揮什麼樣的功能？有什麼樣的工作表現？值得仔細思考。

軍訓教育為何資源不夠？因為軍政、軍令系統不對。國防部參謀本部組織法第五條：國防部因任務需要，得設軍事院校。——事實上，這是應該放在教育體系裡面的。

建議大學法修改時，只需加入一兩條即可；本人願提供意見。

大法官會議釋字四五〇號解釋後，組織自主，學校要不要設軍訓室？在這方面，公私立大學對教官的認知與需求是完全不同的。我個人估計：公立學校會不設或少設，私校可能繼續設。這也不能怪公立學校這樣的本位主義，公立學校員額計算是一系一組，四員一工。教官員額算在法定員額裡面。少一個教官就可多聘一位教授。似乎也只好順其自然發展，就像各大學自主，各自需求，也就像公立學校有一天發覺颱風或緊急情況來了，才會知道還是需要各位教官。

第三場討論會：「軍訓教育制度比較」

主持人：師範大學校長呂溪木博士

論文題目：海峽兩岸與美國學生軍訓制度之比較

論文發表人：丁崑健博士（交通大學教授）

論文內容資料如附件〔會議論文〕

論文評論人：評論人：陳膺宇博士

發言內容：

僅就丁博士之論文個人提出兩點摘要、兩點補充及兩點建議：

兩點摘要：

論文結構就我國、美國及中共三者，以學生軍訓法源、學生軍訓行政組織系統及學生軍訓課程之異同提出比較，在題目的選擇上是有價值性的。

此方面的資料較難覓得，但丁教授能蒐集到資料相當充份，實屬不易。

兩點補充：

比較之三者的軍訓制度宗旨不明確：美國 ROTC 主在軍官養成教育、中共軍訓制度為全民皆兵的軍事訓練、而我國在民國八十五年以前仍著重於訓練，八十五年以後走向國防教育理念。

比較研究法欠客觀：由於國情不同、就三者提出比較較失去客觀性，應先就內、外部環境的格局瞭解，不能說是”比較“，只能說是”對比“，如美國內部是”平民軍隊“的理念，是「文人統治」，在建立一支有「平民理念」，認知平民價值的軍隊，對外仍扮演「世界警察」的戰略需要，達到「平時養兵少戰時出兵多」的建軍構想。中共「反圍堵政策」講「人民戰爭」、「全民皆兵」，我國主著眼在「文武合一」教育，以保障國家安全生存的需要。

兩點建議：

建議大學軍訓教育轉化成「國防教育」之入門課程、軍訓教官更要成為軍民間的橋樑、是文武教學的橋樑：

1. 國防教育課程專業化、學術化
2. 軍訓教育是培育大學生對國家戰略、軍事戰略的學習興趣與動機，以培養文人戰略人才。
3. 軍訓教官置身於民間社會，是調和文武（軍民）關係的重要橋樑。
4. 只有軍訓教官置身於國防人力招募的市場，方能發生催化作用，吸納更多人才投入軍中。如何做呢？建議成立「國防研究院」，定期出版期刊，並將論文著作摘要發表至各學校。

論文題目：從國家安全戰略思考我國大學國防教育的發展

論文發表人：美國大西洋理事會顧問曾復生博士

論文內容資料如前文〔會議論文〕

論文評論人：翁明賢博士

發言內容：

就主辦單位的總目標是想提供一個學術研究的場合，讓大家對軍事教育及國防教育重新做一個省思，給予思考空間。

本篇論文是從「國家安全戰略」的概念出發，提出什麼是「安全」？什麼是「安全戰略」？並從「全民國防」的重要性概念出發，導出國家安全戰略與國防教育的連接點。曾博士是先從整體觀察中共、美國及我國「兩岸三邊」關係，提出兩岸軍力的不平衡，進而導出中華民國的國家戰略目標、安全戰略的基礎及互動中戰略態勢和國家安全戰略指導原則，再透過大學國防教育的內涵及發展契機，最後得出三點非常有價值、有建設性的結論。

看完論文有讓人意猶未盡的感覺，可能受時間及字數的限制，但其最後提出的三點政策性的建議是非常值得國防部或教育部軍訓處來研究參考。本人就針對此作一補充：

教育部軍訓處改制為教育部國防教育處，負責指導、策劃、執行、考核工作，此四合一功能，是否能達到平衡點？如何達到平衡點？而誰來主導此一改革工作？成立「國防安全戰略研究所」，是隸屬那個機構？成立「國防科技研究院」，目前各大學皆有相類似科系，如何強化？如何整合？

論文題目：大學軍訓教育的省思與前瞻

論文發表人：洪陸訓博士（政戰學校政研所所長）

洪松輝博士（嘉南藥理學院中校教官）

論文內容資料如附件（會議論文）

論文評論人：林玉體博士

發言內容：

近年來本人對大學軍訓教育的問題亦感興趣，同時也曾寫過數篇文章，尤希望軍訓教官走向專業化、學術化，以知識服人。

本篇論文行文流暢，具說理性，且將現況中的缺失透露出來，依學術角度而言，本文可供參閱與研究，文後提出個人之質疑及意見。

質疑部份：

對於作者在第二頁中，提到大學置於國家目標及國家政策之「後」或「下」，在大學精神的真諦上，是有待斟酌。在西方大學發展史上的名言：Universi State Church 三分鼎立，才是國家真正辦理高等教育，也是大學能真正發展的準則，大學不能「全盤」聽令於國家目標或國家政策否則希特勒、墨索里尼當道時，德、意兩國大學，就形成納粹及法西斯的應聲蟲了，大學如何談學術自主。

對於作者在第四頁提到，歐美大學開設有關軍事學課程，但絕非「必修」，且負責教學人員也只負責該科之教學而已，其任務並不涵蓋其它活動的領域，與文內所指我國軍訓人員之承擔多重角色，顯然不同，因此不能以歐美之例，作為我國之借鑑。大學設科開課，只佔大學學習活動之「一席之地」而已（頁五），我國過去把軍訓列為「必修科」，軍訓教官又擔負軍事教學外之工作顯然不妥。

對於作者在第八頁提到，大學或高中之「主管」多半支持教官留在校園內，其心態與學生、教師，甚至家長有極大差距，大學教育的對象是大學生，依法定年齡，大學生當可享獨立判斷的權力。大學生如欠缺該種能力，可能是高中以下的年齡欠缺或剝奪學生獨立判斷的機會，如果大學階段，仍以管教為主，則「被動」、「消極」、「依賴性」的特性，將是我國高等教育的風格，這是大學教育發展的致命傷。

意見部份：

discipline 與 interest 本就是教育學術界爭論不休的話題。軍事教育本側重 discipline，也無可厚非，在「自我」「自由」氣氛之下，有時過「短暫」的嚴肅端莊行為，也具教育價值，學校事務（包括大學）也有類似要求，此種要求也體現在其他學科或活動中，如排隊時之整齊劃一、集會時要靜然無聲、體操時之手腳比劃一致、作實驗時之按部就班、謹慎小心，……不一而是，discipline 如運用於軍訓上，也只是所謂活動中的一種而已。

大學活動，尤其是一門「研究學習」科目，應具備高度的學術性，今後大學設「軍事學」科目，列為選修，相信不致於有人反對，本人過去曾發表數文，也建議取消軍訓課程名稱（該科之「名」，不具學術性），改開孫子兵法、戰爭史、戰略學、軍事思想家研究、參謀學……，則不只是大學生想修的人不少甚至連大學教授也想親臨受教，本文也提及此一方向，甚為可取。

大學之教師，義務上皆有輔導學生課業及行為之責任，學校如發生緊急事故，也應有專人處理，該專人不必掛「軍訓教官」之名，至於課業指導，軍訓教官也只能指導所任教科目的知識領域而已，生活指導方面，則大學教師之風範，為學之認真，甚至品德操守之令學生景仰，正是大學生取法的對象，教官也要代替此種角色，不但恐遭議論，也不太可能為大學生所認同。部份軍訓教官心地非常良善，也樂意指導學生，與學生關係極為良好，心理輔導知能也具造詣，則應改業作大學輔導中心之人員，以「軍訓教官」之頭銜進行此種工作，有名實不符之處。改開軍事學科目後，任教學角色與一般大學教授同，自也可扮演部份的生活指導之責，但屆時有資格擔任軍事學教學者，就不一定限定於軍人。

自由發言：

國立海洋技術學院黃奏勝教授

論文的批判需具理性。就國家安全所涵蓋範圍應為政治、經濟、科技、軍事、文化等層面，而每個國家為求國家最大利益，謀求國家之生存發展，而落實國家安全需要，大學軍訓制度是增進知識發展，促進社會脈動，同時在輔導知能上為學生解決問題。如果我們今天不能肯定我國的國防軍事教育，那對國家未來的發展是相當危險的。

國立海洋大學軍訓室主任章長蓉少將

有兩點問題：

丁博士於論文中提到美國的ROTC制度，目前國防部進入試辦的第二年，但軍種為陸軍。個人建議，本校為一所海洋大學，是否可依本校特性，試辦海軍的ROTC，而由軍訓處或學校來執行此一任務。

曾博士的論文與早上韓博士論文的觀點有些相同處，論文中均提及到依當前我國國家所處環境、時代特性及各方面生存條件看，學生軍訓是戰略問題，目前如何在現有制度上做修正，請提供意見。

立法院林哲夫委員

軍訓課程教材過於刻板，不夠中立。

軍訓教官不是輔導員的角色。

發表之論文引用資料應正確。參謀總長日前答覆立法院質詢時已說明當前我國軍事的目標，但我們的軍事教育還停留在以前的想法，殊為可惜。

論文發表人回應：

論文發表人丁博士回應：

我國 ROTC 已試辦一年，依個人之見，應由軍訓處執行，而非由國防部再行辦理。於我國、美國及中共三者軍訓制度之宗旨、目的在論文原稿中提及，因限於字數關係予以刪除。

論文發表人曾博士回應：

回應章將軍，首先要問大學需不需要國防教育？答案是我們需要。個人在論文中建議將「教育部軍訓處」改制為「教育部國防教育處」，而資格、權利與義務等方面由相關法令加以保障。

論文發表人洪博士回應：

軍訓教官的問題是有時要處理許多的事情，如本人服務台灣大學時，教授到國外參加學術研討會，一旦學生有問題找不到老師、系主任時，而事情又必需解決，但誰去做？「特殊的生態，有特殊的長成」，如何解析，必須深入思考。

主持人結論：

我國軍訓教育自民國四十二年實施，發展至民國八十七年，今天第一次以學術性質、從一個實際事務層面探討，是非常值得肯定。但由於時代的變遷與政策考量，軍訓教育需做一番思考及檢討。

以目前軍訓教官在學校的工作，各校的校長均支持的，也因為今日軍訓教官在校園內擔任許多生活輔導、照顧學生及意外事件之處理。

圓桌論壇

題目：跨世紀國家軍訓教育的展望

主持人：教育部次長楊國賜博士

今日的研討會已接近尾聲，在此跨世紀之際對我國軍訓教育做一番回顧，展望未來發展方向，是有意義的。目前軍訓教育正在專案討論，個人認為在當前時空下，軍訓教育是有存在的價值，且對軍訓同仁在學校的犧牲、奉獻，表示高度肯定與感謝。

引言人：

師範大學學務長尤信雄教授

就討論題綱三「軍訓教育實施過程的問題與檢討」提出個人的觀點與建議：

我國於民國十七年濟南慘案後全面實施軍訓教育，政府播遷來台後，民國四十一年省立師院（師大前身）實施，民國四十二年台灣才全面實施軍訓教育，回顧過去將近半個士紀，大學軍訓教官從事學務工作是受到肯定的。軍訓教官在校園內的工作：⑴推動學務工作⑵協助校園安定的維護⑶協助導師學生生活輔導，是學生家長、導師、學校連繫網路⑷二十四小時維護學生安全，不遺餘力⑸軍事知能傳達。如何有跨世紀的前瞻：

1. 建議軍訓處擬定近程、中程、遠程目標，誰展軍訓工作。
2. 提昇軍訓教官素質：讓每位軍訓教官都具有碩士以上學歷，並修習相關輔導技能及學分，以培育優秀的人才，走向專業化、學術化的領域。
3. 「軍訓」改為較柔性、學術性的名稱，如改為「軍訓國防教育中心」。
4. 課程教材希更學術性、藝術化。
5. 軍訓教育希能與高等教育同步成長。

交通大學科技管理研究所童兆陽將軍：

對軍訓教育何處去，提出個人觀點加以說明：就軍事上言，「教育」與「訓練」是不一樣的。「訓練」講的是戰技、戰法，「為用而訓」，時間短、壓力大，且能立刻發揮效用。「教育」是長期性的，需時間長、為大用而育，在於長時間、基礎上的培育，潛力的發揮，為國而用。

軍訓教育包括「教」與「訓」兩部份，在訓的部份較無爭議，軍訓教育是銜接未來軍事訓練的一環，如學生的打靶訓練。本人過去曾任成功嶺大專集訓班主任，有一次有外國賓客前來參訪，對於成功嶺能一週內訓練出如此水準，認為不可思議，其實就是軍訓功能的發揮。較具爭議的是「教」的部份。軍訓教育的目的主在軍事科學、軍事哲學領域，如何運用在學術上，進而運用在輔導上則更會有成就。

文工會副主任穆閩珠博士

在變遷快速的時代、多元社會體制下，不論是軍訓教育或國民義務教育體系，都應隨變遷而自然演變，個人提出下列三點方向：

1. 民主多元系統：軍訓教育的改變應朝自由化、多元化、國際化走向。
2. 軍訓教育的系統紮實：軍訓教育承襲軍事院校之教育——學術（授予學位）、

教育（發揮潛能）、訓練（授予官階）三合一的功能，使軍訓教育更為紮實。

3. 大學軍訓教育工作（有別於高中）在現階段壓力下有⑴生活教育、宿舍管理⑵生活輔導⑶學生事務（意外及急難事件處理）⑷軍訓教學（渴望能在課程上更深入）

4. 建議軍訓教官轉型方向：

⑴「質」的提昇：本身專業人才培育。

⑵轉業：轉行或轉至大學行政工作。

⑶在體制上可走向美國ROTC之模式，唯在課程上應更深入。

⑷課程領域可包括理工學、人文及管理學科。

⑸定位：軍訓教官應定位在學務工作之下。

5. 軍訓教育的改變是因應社會多元化與時代的變遷，希望能在教育部的領導下，走的更寬、走的更好。

立法院張旭成委員

以美國為例，美國的學生想進軍校相當多，其軍校的文憑比文學校的文憑更具吸引力，值得我們檢討。

大家在論文中或研討中都再再提到軍訓教官在學校做了很多事，譬如生活輔導，而今天為何仍有反對軍訓教官的聲音，其主要原因就在於軍訓教官在校園內做了太多的事情，軍訓教育在校園中扮演的是「萬金油幹部」的角色，然在美國，屬學生事務由「Student Affairs」在執行。建議軍訓教育能朝向ROTC制度，學生採自願式參加，而軍訓教官未來的角色需重新規劃。

自由發言：

中正理工學院副教授

建議軍訓教育近程目標：將軍訓教育轉換為國防教育。

1. 課程上：軍訓課程五大領域教學是值得肯定的。
2. 師資：能召開教學研討會，走向專業教師之資格。並修習教育學分。
3. 教學方法：自由、多元、國際化。研究方法為方法論。

海洋大學軍訓室主任章長蓉少將

學生軍訓要不要全面持續實施需從政策層面考量，如果答案是肯定的，如何去做，則是全體軍訓教官共同努力的方向，謹就目標及具體作法提供心得如下：

1. 學生軍訓目標：

(1)提供學生研習國防通識教育的環境（知能目標）

(2)培育學生危機應變的能力（技能目標）

(3)涵養學生熱愛鄉土、維護民主、自由生活方式的意志（情意目標）

2.具體作法：

(1)教學主要依據課程目的而設計，依學生需要為主，兼顧社會學科、科技等取向，精進教學內容，活潑教學方式，以落實國防通識。

(2)研究方面：從推動軍事教學合作與學術交流做起，逐漸開展軍訓研究，提昇教官素質。

(3)服務推廣上：要經由各校組織規程，取得適當定位與職掌，做好學生生活輔導及學校行政支援，增進教官地位。

文化大學學務長高輝教授

此次所舉辦之學術研討會是具時代價值，任何的變革，不要「先破後立」，請「先建後析」，否則當面臨狀況，學校將不知所措。軍訓教官在歷史潮流中曾扮演過的角色，不要否定其過去的貢獻。

國立海洋技術學院黃奏勝教授

1. 國防教育是屬生活教育的一部份，即是終身教育。
2. 國防教育目的在培養學生「以戰止戰」的戰爭理念，用理性戰爭平息非理性戰爭，例如面對中共導彈演習，需具有是非、道德的勇氣，此則需以豐富的知識作為基礎。
3. 美國的軍校為何能吸引優秀人才，主要是因其有良好的設備及優渥的待遇，而我國因國情不同及面對的內、外情勢不同，是不能相提並論的。

成功大學陳慶林教官

就討論題綱四「軍訓教育在大學通識教育中扮演的功能」提出個人看法：民國83年，380釋憲後，本校軍訓教育與學校教育結合，因此提出將軍訓教育走入通識教育中，但部份教官缺乏軍事素養（三軍大學、戰爭學院），故訂定資格審定辦法，以教官本身所具之學位為基礎，透過論文寫作或進修，經三級三審制後，才能在通識教育中開課，以承認教官之專業。

鵝湖雜誌社執行長周博裕先生

當前社會流行的風潮是「解構」的社會，如450釋憲案，但社會的運作是否是以此種方式處理的呢?大學是個創造性的、學術的研究、教學機構,是否也要「解構」?不要變成空手對白刃。

文化大學理學院劉廣英院長:

就討論題綱二「軍訓教育的本質與目標」提出個人看法:

1. 軍訓教育的位階在國家安全,是國防教育的一環,在國家戰略與政策上要先確立,構成一完整的體系。

2. 軍訓教育有兩大特色,即⑴跨領域性整合;⑵專業性。其中⑴項是在結合「政、經、心、軍」,亦即要把軍的部份與其他三者密切結合,其困難在於如何掌握,要有點廣又不太廣,否則易流於空洞。⑵項則應有階段性,即要建立一套「軍事教育體系」。

3. 軍訓教育,在一般學校中一定要與學校配合,力求符合教育法規。

中國醫藥學院學務長張世憲教授:

1. 肯定軍訓教官在校園之功能與軍訓教育目標。

2. 建議軍訓教育改為國防教育,因國防包含軍事、政治、經濟、外交……等,此較能為學生所接受,若在授課之師資能結合一般課程師資,更易營造相互融合之效果。

3. 教育部應就軍訓教官之人事、教育、後勤、訓練等經費及軍訓教官在學校之組織系統（歸入學務系統，含指揮、考核），做政策性宣示，而後由各校校務會議做成決策，應可解決目前僵局。

海洋大學水產所許濤所長

教官由輔導之角色變成國防教育通識教師，有人建議應循三級三審制取得資格，但因教官所受訓練背景，建議其著作發表審查仍以簡要為宜，先由學校軍訓室主任加上其所服務系所推薦函，再將其著作送三位外審，每項分數各佔50%，成績及格即可通過審查，此種簡要審查旨在避免教官因過度重視研究而忽略其對學生之生活輔導，幫助學生之工作。

台北科技大學副教授劉錦賢

「從輔導的角度看教官在大專校園中的地位」：

1. 大專教師除擔任教學外，須從事學術研究工作，有撰寫並發表論文之壓力，勢不能分出太多精神於學生身上，惟有教官能每天隨時掌握學生身心狀況，並對其生活作妥善之照顧與必要之協助。

2.中學教師擔任導師者，每週減授六節課，並外加導師費，可以將多餘時間照顧學生，大專教師擔任導師者並無授課鐘點之減少，最多外加兩個鐘點費而已，擔任導師可謂額外增加之負擔，其放於學生身上之心力，自不能與中學教師比，此等不足處，正由教官填補。

3.由於政治、社會情勢之轉變，教官之於學生，已由數十年前對學生的政治思想之灌輸及學生行為之管束，轉為對學生人生正確價值觀之開示與對學生日常生活之輔導。由於教官之存在，無形中化解了校園中若干潛存之問題。假設無教官，在導師未能常與學生接觸之情況下，吾人不知校園會成何模樣，是故教官乃校園安定之中流砥柱。

4.本校已退休之一土木科教官，對一代表學校參加運動競技而受重傷不良於行之學生，並與之談心。本人今所擔任導師班之一學生，暑假中出車禍重傷，開學後由其母接送勉強上學，系教官每天到教室探詢狀況，並請求任課教師多予關照及左右同學多加協助，此等對學生之愛護與關心，實遠超過導師。

淡江大學秘書黃文智

各論文發表人和學者先進在討論過程中，都不斷提到「戰略」的相關觀念，也都談到結合或整合現有政治、軍事、心理、科技的資源，並作好分配運用的想法，如果這個觀點是被大多數人所肯定，則現行大學軍訓教育課程是否先加入「戰略思想」的單元，蓋追求國家長治久安的全民國防理念意識，可先植基於此。

引言人：

立法院張旭成委員

1. 軍訓教官在校園內管的事情太多，應重新做檢討。目前軍隊實施精實專案，爾後軍訓教官走向亦應朝精實化。
2. 本國ROTC制度建議採自願方式，才能永續經營。
3. 美國西點軍校與台灣軍事院校在設備上是不能比的，且台灣軍校校長對教育並不瞭解，如何讓職業軍人成為傲人的職業是值得深思。

交通大學科技管理研究所童兆陽將軍

1. 需強調國防安全教育是全民的教育，其層面涵蓋軍事及非軍事領域，非少數人的專利，只是每個人知道的層次不同，今日的問題在於定位問題，如何將之生根發展，將國防與民生合一的理念深植民心，但此課題交給教官是否太沉重。
2. 軍訓教育在其領域上建立專業，教官除在教學外給予學生軍事知能外，透過在校園內服務學生，可使學生在未來軍旅生涯中建立忠貞，更在社會上建立力量。

3. 建議在相關組織章程上確立教官教學與服務工作，給予教官定位，而行政組織上給予一片空間。

師範大學學務長尤信雄教授

首先我們肯定軍訓教官在校園內的貢獻，但今日主、客觀環境的改變，應體認現在，展望未來，未來將更具有開創性。有言：「窮則變，變則通，通則久」。

主持人結論：

1. 軍訓教育走向應從學術觀點看，並從現況作全面的檢討，同時在角色及定位上亦重新思考。
2. 軍訓教官未來在校園內要有尊嚴，從軍事教學上之精進，可定期發行軍事學方面之期刊、雙月刊或研究心得，未來軍訓教官要在學校立足，則必需從學術取向著手。
3. 軍訓教官為學校的成員，故同時擔負著教學、服務及研究的工作。
4. 軍訓教學需從教學方法上去探討、改進，以提昇軍訓教官素質。
5. 面對未來變革，除重新檢討軍訓組織架構，軍訓教官的教學專業化，而軍訓教官的工作任務應單純化。

閉幕式：

主持人：淡江大學校長張紘炬博士

1. 本次研討會已將結束，各位與會專家均熱烈討論，而這次研討會是吸引人的、是肯定的及成功的，雖軍訓教育制度實施了將近七十年，但遲至今日才實施，爾後能經常性的實施，軍訓教育走向學術化、專業化。
2. 淡江大學對於軍訓教官在校園內對學生的付出、服務是持肯定的態度，但在學術基礎上較顯得薄弱些，本校非常鼓勵教官進修，使軍訓教育走向專業化，目前本校教官已有多人完成碩士或博士學位。本校教官亦能配合本校三化政策──「國際化、資訊化、未來化」加以落實。
3. 國防教育是全面性的教育，為何對學生沒有吸引力，主要在於沒有學分，解決方法仍是師資的專業化。大家在討論時都有共識，那就是：軍訓教官的定位、課程的安排、教材內容、教學方法、師資等問題，如何加強、如何落實，是本次研討會後大家思考的事情。
4. 最後，再次感謝贊助單位、與會人士、淡大戰略研究所的負責同仁及所有參與

附錄二：籌備委員與工作小組

職　　稱	姓　名	現　　職	備考
榮譽主席	張建邦	總統府資政　淡江大學創辦人	
大會主席	張紘炬	淡江大學校長	
大會副主席	馮朝剛	淡江大學學術副校長	
	張家宜	淡江大學行政副校長	
籌備委員(依姓名筆劃)	王美蘭	淡江大學會計長	
	朱惠良	立法院國防委員會委員	
	朱鳳芝	立法院教育委員會委員	
	李本京	淡江大學國際研究學院院長兼美國研究所所長	
	李鳴皋	立法院國防委員會委員	
	林哲夫	立法院國防委員會委員	
	宛　同	淡江大學人事長	
	洪秀柱	立法院教育委員會委員	
	洪欽仁	淡江大學總務長	
	郁慕明	立法院國防委員會委員	
	馮定國	立法院國防委員會委員	
	張旭成	立法院教育委員會委員	
	徐錠基	淡江大學教務長	
	曹仲立	淡江大學軍訓室主任	
	韓國瑜	立法院國防委員會委員	
	黃偉哲	國大代表	
	簡錫堦	立法院教育委員會委員	
大會秘書長	翁明賢	淡江大學國際事務與戰略研究所所長	

二、工作小組

職　　稱	姓　名	現　　職	備　考
大會秘書長	翁明賢	淡江大學國際事務與戰略研究所所長	
秘書組召集人	李宗藩	師範大學軍訓室主任	
秘書組聯絡人	谷祖盛	華梵大學軍訓室主任	
	楊正平	輔仁大學主任教官	
	李景素	文化大學教官	
	李正心	中校教官	
議事組召集人	王高成	淡江大學戰略研究所副教授	
議事組聯絡人	廖德智	淡江大學主任教官	
接待組召集人	朱蓓茵	淡江大學國際研究學院秘書	
接待組聯絡人	陳福成	臺灣大學主任教官	
文宣組召集人	王崑義	淡江大學戰略研究所副教授	
文宣組聯絡人	蔣傳寅	政治大學教官	
總務組召集人	丘立崗	淡江大學戰略研究所副教授	
總務組聯絡人	曹典雅	淡江大學主任教官	
	蘇紫雲	淡江大學戰略所助理	

人員的辛勞。

散會。

附錄三：

<table>
<tr><td colspan="5">第一屆中華民國國防教育學術研討會—軍訓教育的回顧與前瞻
會　議　程　序　表</td></tr>
<tr><td colspan="5">時間：八十七年十月十七日(星期六)地點：台北市凱悅飯店三樓宴會廳</td></tr>
<tr><td>起迄時間</td><td colspan="4">活　動　內　容</td></tr>
<tr><td>08:10—08:40</td><td colspan="4">報　到</td></tr>
<tr><td>08:40—09:10 開幕式</td><td colspan="2">榮譽主席：淡江大學創辦人張資政建邦博士
大會主席：淡江大學校長張紘炬博士</td><td colspan="2">貴賓致辭：教育部部長林清江博士
國防部副部長王文燮上將</td></tr>
<tr><td rowspan="2">09:10—10:40
第一場討論會
「軍訓教育的現況與意義」</td><td>主持人</td><td>研討論文題目</td><td>論文發表人</td><td>評論人</td></tr>
<tr><td>淡江大學校長
張紘炬博士</td><td>1.軍訓教育在我國當前國防教育的戰略意涵
2.國家競爭優勢與國家安全
3.國防教育與軍訓教育</td><td>施正權博士
(淡大戰略所教授)
陳福成上校
(台灣大學主任教官)
劉湘濱將軍
(三軍大學戰研所所長)</td><td>羅致政博士
翁明賢博士
張家宜博士</td></tr>
<tr><td>10:40—11:00</td><td colspan="4">茶　敘</td></tr>
<tr><td rowspan="2">11:00—12:30
第二場討論會
「軍訓教育的角色、功能與定位」</td><td>主持人</td><td>研討論文題目</td><td>論文發表人</td><td>評論人</td></tr>
<tr><td>輔仁大學校長
楊敦和博士</td><td>4.從社會功能學派談軍訓教育在我國教育體系的角色與功能
5.從一個外國教授的角度看大學教官對學校的貢獻
6.論軍訓教官在法律上的地位</td><td>黃俊傑博士
(輔仁大學副校長)
艾立勤博士(輔仁大學神學院院長)
韓毓傑博士
(國防管理學院法律系所主任)</td><td>柯三吉博士
李振英博士
董保城博士</td></tr>
<tr><td>12:30—13:50</td><td colspan="4">午　餐　及　休　息</td></tr>
<tr><td rowspan="2">13:50—15:10
第三場討論會
「軍訓教育制度比較」</td><td>主持人</td><td>研討論文題目</td><td>論文發表人</td><td>評論人</td></tr>
<tr><td>師範大學校長
呂溪木博士</td><td>7.海峽兩岸與美國學生軍訓制度之比較
8.從國家安全戰略思考我國大學國防教育的發展
9.現階段軍訓教育面臨的挑戰與回應</td><td>丁崑健博士
(交通大學教授)
曾復生博士
(美國大西洋理事會)
洪陸訓博士
(政戰學校政研所長)
洪松輝博士
(嘉南學院中校教官)</td><td>陳膺宇博士
翁明賢博士
林玉體博士</td></tr>
<tr><td>15:10—15:30</td><td colspan="4">茶　敘</td></tr>
<tr><td rowspan="2">15:30—16:50
圓桌論壇</td><td>主持人</td><td>研討題目</td><td colspan="2">引言人</td></tr>
<tr><td>教育部次長
楊國賜博士</td><td>跨世紀國家軍訓教育的展望</td><td colspan="2">立法委員朱鳳芝
童兆陽將軍
穆閩珠博士
師範大學學務長尤信雄博士</td></tr>
<tr><td>16:50--17:00 閉幕式</td><td>主持人</td><td colspan="3">大會主席：淡江大學校長張紘炬博士</td></tr>
</table>

附錄四：第一屆中華民國國防教育學術研討會受邀參加研討會人員名冊

序號	區分	單位	職稱	姓名	備考
101	主席	總統府	資政	張建邦	
104	主持人	淡江大學	校長	張紘炬	
173	主持人	輔仁大學	校長	楊敦和	
33	主持人	師範大學	校長	呂溪木	
172	主持人	教育部	次長	楊國賜	
69	發表人	淡江大學	副教授	施正權	
141	發表人	台灣大學	主任教官	陳福成	
194	發表人	三軍大學	戰爭研究所所長	劉湘濱	
159	發表人	輔仁大學	副校長	黃俊傑	
23	發表人	輔仁大學	神學院	艾立勤	
215	發表人	國防管理學院	法律系所主任	韓毓傑	
2	發表人	交通大學	教授	丁崑健	
150	發表人	美國大西洋理事會	顧問	曾復生	
75	發表人	政戰學校	政研所所長	洪陸訓	
73	發表人	嘉南學院	教官	洪松輝	
221	評論人	東吳大學	教授	羅致政	
170	評論人	台灣大學	教授	楊永明	
103	評論人	淡江大學	副校長	張家宜	
71	評論人	中興大學	副校長	柯三吉	
41	評論人	輔仁大學	哲研所所長	李振英	
180	評論人	政治大學	總務長	董保城	
144	評論人	中正理工學院	教授	陳膺宇	
89	評論人	淡江大學	戰略所所長	翁明賢	
56	評論人	師範大學	教育學院院長	林玉體	
1	引言人	立法院	委員	丁守中	
152	引言人	交通大學	講座教授	童兆陽	
206	引言人	文工會	副主任	穆閩珠	
3	引言人	師範大學	學務長	尤信雄	
19	貴賓	立法院	委員	朱惠良	
21	貴賓	立法院	委員	朱鳳芝	
44	貴賓	立法院	委員	李鳴皋	
61	貴賓	立法院	委員	林哲夫	
72	貴賓	立法院	委員	洪秀柱	
81	貴賓	立法院	委員	郁慕明	
100	貴賓	立法院	委員	張旭成	
140	貴賓	立法院	委員	陳漢強	
154	貴賓	立法院	委員	馮定國	

第一屆中華民國國防教育學術研討會受邀參加研討會人員名冊

序號	區分	單位	職稱	姓名	備考
164	貴賓	立法院	委員	黃國鐘	
214	貴賓	立法院	委員	韓國瑜	
219	貴賓	立法院	委員	簡錫堦	
163	貴賓	國民大會	代表	黃偉哲	
109	來賓	立法院	助理	張慧文	
128	來賓	立法院	助理	陳宗泰	
205	來賓	立法院	助理	燕宜純	
7	貴賓	國防部	副部長	王文燮	
228	來賓	教育部	政務次長	李建興	
65	來賓	教育部	部長	林清江	
227	來賓	教育部	部長	林清江	
64	貴賓	教育部	部長	林清江	
231	來賓	教育部	中教司司長	張玉成	
232	來賓	教育部	技職司司長	黃政傑	
230	來賓	教育部	高教司司長	黃碧端	
229	來賓	教育部	常務次長	楊國賜	
	來賓	幼獅公司	董事長	李鍾桂	
	來賓	幼獅公司	總經理	馬大成	
	來賓	幼獅公司	副總經理	吳靈生	
	來賓	幼獅公司	經理	夏立德	
	來賓	幼獅公司	總編輯	孫小英	
	來賓	幼獅公司	主編	劉淑華	
	來賓	中研院		陳存恭	
213	來賓	復興廣播電台		鍾寧	
210	來賓	漢聲電台	總台長	薛古文	
198	來賓	漢聲電台	副總台長	樓震宇	
17	來賓	漢聲電台	新聞組長	曲慶德	
153	來賓	漢聲電台	節目科長	賀鐵君	
38	來賓	漢聲電台	記者	李承中	
151	來賓	漢聲電台		湯孝昭	
16	來賓	青年日報	少將社長	田元元	
120	來賓	青年日報	專欄主任	郭岳	
51	來賓	鵝湖雜誌社	執行長	周博裕	
182	來賓	三軍大學陸軍學院	院長	賈戰平	
209	來賓	三軍大學海軍學院	副院長	濮海虎	
77	來賓	大同工學院	教授	洪達雄	
34	來賓	大葉大學	軍訓室主任	巫新春	

第一屆中華民國國防教育學術研討會受邀參加研討會人員名冊

序號	區分	單位	職稱	姓名	備考
222	來賓	中山醫學院	軍訓室主任	羅振山	
80	來賓	中正預校	少將校長	胡筑生	
22	來賓	中研院	研究助理	江美倫	
98	來賓	中國醫藥學院	學務長	張世憲	
202	來賓	中國醫藥學院	軍訓室主任	蔡倖傑	
32	來賓	中興大學法商學院	副教授兼教務主任	吳嘉生	
43	來賓	中興大學法商學院	主任教官	李湘台	
68	來賓	中興大學法商學院	副教授兼學務主任	侯漢君	
142	來賓	中興大學法商學院	副教授兼學務主任	陳銘薰	
8	來賓	文化大學	教務長	王吉林	
95	來賓	文化大學	學務長	高輝	
195	來賓	文化大學理學院	院長	劉廣英	
29	來賓	世新大學	學務長	吳永乾	
42	來賓	世新大學	法學院院長	李復甸	
78	來賓	世新大學	教務長	皇甫沙旺	
165	來賓	世新大學	人文社會院長	黃啓方	
189	來賓	世新大學	通識中心主任	趙慶河	
157	來賓	台北科大	副校長	黃丕陵	
10	來賓	台北科大	造船系教授	王偉輝	
26	來賓	台北科大	系主任	余政杰	
105	來賓	台北科大	副教授	張添晉	
115	來賓	台北科大	海洋教授	許明光	
175	來賓	台北科大	副教授	楊衛中	
196	來賓	台北科大	副教授	劉錦賢	
201	來賓	台北科大	學務長	蔡行濤	
126	來賓	台北科大	總教官	陳天來	
82	來賓	台北科大	少校教官	凌孝純	
14	來賓	市立師範學院	學務長	古國順	
139	來賓	市立師範學院	總務長	陳榮聰	
218	來賓	市立師範學院	社教系系主任	簡復聰	
66	來賓	市立師範學院	軍訓室主任	林賢春	
67	來賓	永達工商專校	教授	邱山口	
167	來賓	玄奘人文學院	軍訓室主任	黃溪棵	
200	來賓	東吳大學	學務長	潘維大	
185	來賓	東南工專	校長	管縱豪	
188	來賓	東南工專	主任	趙秉宏	
137	來賓	空軍官校	校長	陳盛文	

第一屆中華民國國防教育學術研討會受邀參加研討會人員名冊

序號	區分	單位	職稱	姓名	備考
168	來賓	虎尾技術學院	軍訓室主任	黃聰哲	
50	來賓	長榮管理學院	軍訓室主任	周連勝	
226	來賓	南華管理學院	校長	龔鵬程	
90	來賓	南華管理學院	副校長	袁保新	
113	來賓	南華管理學院	歐研所所長	許仟	
114	來賓	南華管理學院	資管所教授	許成之	
143	來賓	南華管理學院	哲學所副教授	陳德和	
12	來賓	南華管理學院	總教官	王國平	
49	來賓	屏東師院	教官	周泯塇	
99	來賓	美和護專	幼保科科主任	張幼珠	
88	來賓	致理商專	就輔室主任	秦裕英	
217	來賓	師範大學	副校長	簡茂發	
4	來賓	師範大學	進修部主任	方泰山	
39	來賓	師範大學	總務長	李虎雄	
93	來賓	師範大學	教育系教授	高強華	
129	來賓	師範大學	教育系教授	陳奎熹	
160	來賓	師範大學	三研所所長	黃城	
186	來賓	師範大學	教育系教授	蓋浙生	
187	來賓	師範大學	社教系教授	趙　寧	
207	來賓	師範大學	三研所教授	蕭行易	
216	來賓	師範大學	國文系教授	簡明勇	
11	來賓	海洋大學	教授	王偉輝	
119	來賓	海洋大學	水產所長	許濤	
133	來賓	海洋大學	海洋所所長	陳荔彤	
147	來賓	海洋大學	少將主任	章長蓉	
25	來賓	海洋大學	上校教官	何經中	
15	來賓	高雄科技大學	教官	史麗玲	
181	貴賓	参大陸軍學院	院長	賈戰平	
102	來賓	國立台北師院	數學系主任	張英傑	
130	來賓	國立台北師院	總務長	陳家秀	
146	來賓	國立台北師院	圖書館館長	陸莉	
53	來賓	國立台東師院	學務長	官家鏞	
70	來賓	國立屏東技術大學	歷史系教授	施家順	
111	來賓	國立屏東科技大學	副教授兼處長	盛敏成	
162	來賓	國立屏東科技大學	副教授兼主任	黃財源	
108	來賓	國立屏東師院	學務長	張慶勳	

第一屆中華民國國防教育學術研討會受邀參加研討會人員名冊

序號	區分	單位	職稱	姓名	備考
134	來賓	國立屏東師院	社教系主任	陳國彥	
31	來賓	國立屏東商業技院	副教授兼主任	吳傑儒	
58	來賓	國立屏東商業技院	主任秘書	林其賢	
161	來賓	國立海洋技術學院	教授	黃奏勝	
177	來賓	國立雲林科技大學	軍訓室主任	葉克明	
118	來賓	國立彰化師大	軍訓室主任	許龍君	
199	來賓	國立護理學院	學務長	潘愷	
138	來賓	國立護理學院	總教官	陳景風	
47	來賓	國立體育學院	教務長	周宏室	
74	來賓	國立體育學院	學務長	洪得明	
169	來賓	國立體育學院	軍訓室主任	楊木仁	
45	來賓	清華大學	教授	杜正泰	
48	來賓	清華大學	教授	周卓煇	
212	來賓	清華大學	歷史所研究生	謝英彥	
225	來賓	朝陽大學	學務長	蘇文斌	
121	來賓	華夏工專	學務主任	郭景致	
131	來賓	華夏工專	訓導主任	陳時欣	
91	來賓	華梵大學	校長	馬遜	
94	來賓	華梵大學	學務長	高維新	
46	來賓	華梵大學	總教官	谷祖盛	
30	來賓	陽明大學	教授兼院長	吳國海	
79	來賓	陽明大學	教授兼主任	胡忠民	
83	來賓	陽明大學	院長	夏萍絅	
184	來賓	陽明大學	圖書館館長	廖又生	
197	來賓	陽明大學	會計室主任	劉穗生	
117	來賓	陽明大學	軍訓室主任	許煌錄	
116	來賓	新竹師院	學務長	許春峰	
110	來賓	新竹師院	軍訓室主任	曹益明	
127	來賓	義守大學	醫管系系主任	陳文魁	
203	來賓	義守大學	學務長	鄭燕琴	
125	來賓	嘉義技術學院	總教官	陳小鯨	
	來賓	實踐大學	副教授	王　明	
97	來賓	實踐大學	副教授	張火木	
24	來賓	彰化師大	副校長	何東墀	
28	來賓	臺灣大學	上校教官	吳元俊	
92	來賓	臺灣大學	中校教官	高小仙	
135	來賓	臺灣大學	中校教官	陳國慶	

第一屆中華民國國防教育學術研討會受邀參加研討會人員名冊

序號	區分	單位	職稱	姓名	備考
136	來賓	臺灣大學	中校教官	陳梅燕	
208	來賓	臺灣大學	中校教官	駱華嘉	
	來賓	臺灣大學	退休教官(公司經理)	吳慧華	
27	來賓	輔仁大學	學務長	克思明	
52	來賓	輔仁大學	總務長	周善行	
166	來賓	輔仁大學	文學院院長	黃湘陽	
204	來賓	輔仁大學	教務長	黎建球	
211	來賓	輔仁大學	教授兼系主任	謝邦昌	
171	來賓	銘傳大學	學務長	楊建貴	
174	來賓	銘傳大學	總務長	楊瑞蓮	
63	來賓	藝術學院	戲劇系副教授	林國源	
106	來賓	藝術學院	體育室主任	張清泉	
123	來賓	藝術學院	研究生	郭廣賢	
183	來賓	藝術學院	共同科主任	路國増	
124	來賓	藝術學院	軍訓室主任	陳乃強	
233	來賓	教育部軍訓處	處長	宋文	
234	來賓	教育部軍訓處	秘書	姜松森	
235	來賓	教育部軍訓處	專門委員	陳嘉興	
236	來賓	教育部軍訓處	科長	劉玉姍	
237	來賓	教育部軍訓處	專員	李文彬	
238	來賓	教育部軍訓處	教官	高嶸標	
239	來賓	教育部軍訓處	教官	何相印	
240	來賓	教育部軍訓處	教官	李正心	
122	來賓	台北市軍訓室	主任	郭雲龍	
9	來賓	淡江大學	會計長	王美蘭	
18	來賓	淡江大學	國際研究院秘書	朱培茵	
20	來賓	淡江大學	秘書	朱蓓茵	
35	來賓	淡江大學	國際研究院院長	李本京	
54	來賓	淡江大學	人事長	宛同	
55	來賓	淡江大學	俄研所所長	彼薩列夫	

第七章　台大軍訓教官的陣容──盛到衰

曾經在台大任職的軍訓教官有二類，一者任職台大直到在台大退休，一者任職台大又調別處（未在台大退休）。前者在台大歷年的教職員錄之退休人員，大部份可以找到名單，後者均無記錄可查。

再者，不論那類，教官在台大各部門任職，也都沒有資料可查（或資料不對外公開）。曾在台大軍訓室任職很久的元老級員工小廖（廖文煜先生），憑他個人的印象記憶，開出一張名單給我（如下兩表），這是歷年來台大各部門的教官人員，以及各舍區負責的教官。這當然是一份「參考名單」，包含前述兩類教官人員。

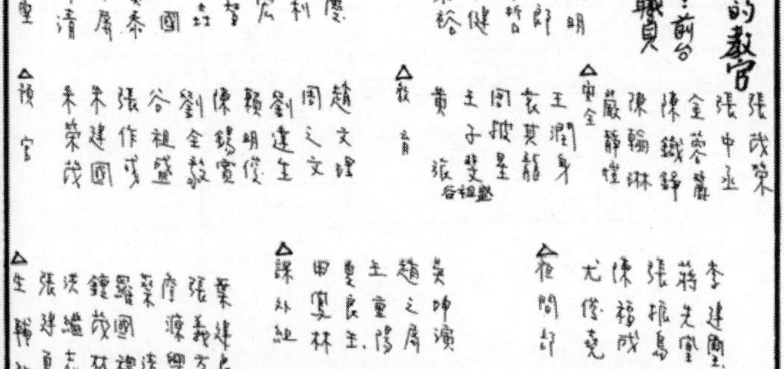
曾在台大各部门的教官
資料來源說明：前台大軍訓室資深職員廖文煜提供.

△總教官辦公室
陳安娟 陳國峰 王福惠 林福佑 曹振偉 嚴惠生 徐永生 朱成奎 武崇季

△[illegible]組教官
李長嫦 宣家驊 韓懷[illegible] 馬緒援

△人事
馬大明 周錫郎 劉承哲 張永健 蔣[illegible]裕

△辦公室
陳國慶 許大利 林柏宏 呂承智 章植[illegible] 陳和國 邊寶泰 孫仲屏 劉輝清

△軍全
張戍榮 張中丞 全蓉藩 陳鐵錚 陳輪琳 嚴靜煌

△教育
王潤身 袁其龍 周披星 王子斐 黃[illegible] 張（谷祖盛）

△預官
趙文理 周之文 劉達生 顏明俊 陳錫寶 劉全毅 谷祖盛 張作武 朱建國 朱榮茂

△顧問
李建國 蔣光寰 張振邦 陳福成 尤俊克

△課外組
吳坤演 趙之屏 王重陽 曾良生 田寶林

△生輔組
葉建良 張義方 廖源興 葉[illegible]清 羅國禮 鍾茂林 洪瀛志 張建[illegible]

在下列「台灣大學歷年退休軍訓教官」表中，名單資料較正確完整，有到校和退休年月，民國四〇年代到校者如劉效曾、楊東垣、簡孝質、李明俊等人，其中簡孝質於四十三年十月到校，應是最早的一批之一。目前仍在「台大退休人員聯誼會」的鍾鼎文，是五十七年八月到校，六十八年十二月退休。而筆者八十三年四月到校，八十八年二月退休，表中多人目前仍在　學校當志工（含筆者），這是當教官以外的另一種服務。

筆者到台大後那幾年（民83—88），軍訓教官陣容仍大（雖已遇缺不補，退者不多）。以下抽樣幾年，略說教官陣容：

△民國八十三年間（我初到台大）：

總教官韓懷豫將軍，六位主任教官（吳

曾在台大各舍區的教官

資料來源說明：同前

△第一舍區
蘇鮮章　張錦文　盧建中　李作朋　孫晉興　萬貴華　陳麗水　李魯　張德英　駱章嘉　黃鴻福　孔台生　許煌錄　劉亞孔　林怡志　方濟民

△第二舍區
楊松麟　林增麟　薛扶平　彭玉章　郭守成　王肇航　徐立中　黃枝宇　谷祖利　王寶貴　彭家棟　周連榜　楊聰輝　王力生　羅新竹　戴秋明　熊恩波　朱明亮　曾祥奕　孫彭聲　吳信義　曹介直　許銘成

△第三舍區
彭瑞娟　黃嶽荃　林慧瑞　陳義枝　周家梅　吳曉慧　吳慧章　蔡支雄　林一熹　黃千訓　石遠台　萬里教　袁守方　唐瑞和　江黔兆　陶智皋　鄭大平　吳之俊　陳乃強　牛秉正　徐榮德　蔣賢傑

△第四舍區
廖天威　吳宏成　胡鴻銘　曾慶錄　蔡玉杯　謝年生　朱如棟　查公正　莊炫淦　陳國瑞　吳贊奕　周文斌　陳留穎

△女生舍區
李麗文　陳梅燕　熊文娟　荊嘉婉　高小仙　劉式敏　蕭明玉　張靜芝　劉春麗　沈宜蘭　詹莉莉　馬霞

台灣大學歷年退休軍訓教官（火）

級職	姓名	性別	到校年月	退休年月	級職	姓名	性別	到校年月	退休年月	級職	姓名	性別	到校年月	退休年月
總教官	王承萃	男	61.08	65.10	主任教官	孫彭聲	男	84.09	87.08	軍訓教官	鍾鳳彩	女	63.08	67.09
總教官	宣家驊	男	71.06	79.06	主任教官	陳福成	男	83.04	88.02	軍訓教官	劉曼莉	女	62.04	68.08
總教官	李長嘯	男	84.07	86.09	主任教官	林柏宏	男	82.12	91.09	軍訓教官	鄒敬則	男	64.03	68.09
主任教官	劉效曾	男	49.08	58.09	主任教官	吳元俊	男	81.03	91.10	軍訓教官	鍾鼎文	男	57.08	68.12
主任教官	田福濼	男	55.11	60.04	主任教官	許火利	男	82.07	95.02	軍訓教官	李明俊	女	44.01	69.02
主任教官	楊東垣	男	47.09	63.10	軍訓教官	簡孝質	男	43.10	55.02	軍訓教官	劉錫昌	男	62.03	69.02
主任教官	李增明	男	57.08	65.04	軍訓教官	鄧　貞	男	52.02	58.08	軍訓教官	劉　礪	女	66.09	69.02
主任教官	徐志霄	男	61.09	67.08	軍訓教官	王懷忍	男	53.08	59.04	軍訓教官	黃慶和	男	61.08	69.09
主任教官	熊　揆	男	61.09	69.02	軍訓教官	祝興忠	男	56.09	59.05	軍訓教官	鄭義峰	男	59.08	69.12
主任教官	劉輝清	男	63.06	70.09	軍訓教官	李文燦	男	55.07	60.05	軍訓教官	楊錫傑	男	69.03	70.01
主任教官	蔣賢燦	男	67.09	70.10	軍訓教官	白正炎	男	52.09	61.05	軍訓教官	涂大能	男	69.02	70.01
主任教官	張建夏	男	65.04	73.06	軍訓教官	徐　宸	男	57.09	61.08	軍訓教官	車世榮	男	64.10	70.01
主任教官	曹介直	男	70.11	73.07	軍訓教官	劉　錦	男	51.09	61.09	軍訓教官	戚務惠	男	63.08	70.05
主任教官	孫仲屏	男	62.10	74.03	軍訓教官	周士傑	男	59.09	61.09	軍訓教官	薛修玉	男	62.09	70.07
主任教官	許銘成	男	74.07	80.09	軍訓教官	李文烱	男	50.10	62.09	軍訓教官	張迺珍	男	68.08	70.07
主任教官	曹振隆	男	78.07	82.09	軍訓教官	朱自庸	男	60.03	63.08	軍訓教官	崔孝先	男	67.02	70.09
主任教官	吳普炎	男	77.09	83.09	軍訓教官	吳竟無	男	63.08	65.02	軍訓教官	胡紹銛	男	61.08	70.12
主任教官	洪繼志	男	76.08	84.08	軍訓教官	李銳軍	男	60.08	65.11	軍訓教官	歐陽儒驥	男	57.08	71.01
主任教官	吳信義	男	82.09	84.08	軍訓教官	程亞屏	女	60.10	66.08	軍訓教官	賴祝光	男	69.08	71.02
主任教官	陳國瑞	男	84.10	85.08	軍訓教官	韓元茹	女	62.10	66.08	軍訓教官	黃恩杰	男	67.08	71.06
主任教官	劉亞凡	男	84.03	87.08	軍訓教官	徐麗蓮	女	56.09	67.03	軍訓教官	嚴靜愷	男	59.08	72.03
					軍訓教官	白淑卿	女	64.02	67.03	軍訓教官	田鳳林	男	53.03	72.08

軍訓教官	吳慧華	女	84.02	86.06	軍訓教官	蔡克雄	男	69.02	79.05	軍訓教官	朱榮茂	男	66.08	72.10
軍訓教官	黃薇荃	女	79.08	86.08	軍訓教官	薛扶平	男	77.08	80.05	軍訓教官	李作朋	男	69.02	73.08
軍訓教官	張德英	男	82.05	87.08	軍訓教官	蔡玉杯	女	68.02	80.08	軍訓教官	朱成奎	男	71.02	73.11
軍訓教官	熊文娟	女	71.08	87.09	軍訓教官	彭家棟	男	75.08	80.09	軍訓教官	朱明亮	男	71.02	74.03
軍訓教官	馬大明	男	83.09	87.10	軍訓教官	楊聰輝	男	77.08	80.09	軍訓教官	黃桂宇	男	70.08	74.04
軍訓教官	吳曉慧	女	83.04	87.11	軍訓教官	郭守成	男	73.02	81.09	軍訓教官	徐立中	男	70.08	74.07
軍訓教官	王肇航	男	85.02	87.12	軍訓教官	尤俊堯	男	77.08	81.09	軍訓教官	朱如棣	男	61.08	74.08
軍訓教官	李建璽	男	83.07	88.07	軍訓教官	張永健	男	71.08	83.05	軍訓教官	蔣莊裕	男	69.08	74.08
軍訓教官	王力生	男	85.02	88.08	軍訓教官	陳麗水	男	71.08	83.06	軍訓教官	熊恩波	男	71.08	74.08
軍訓教官	荊嘉婉	女	79.02	89.09	軍訓教官	謝阜生	男	72.08	83.09	軍訓教官	戴秋明	男	70.08	74.09
軍訓教官	郭玉華	女	76.08	91.03	軍訓教官	萬貴華	男	78.07	83.09	軍訓教官	陶智皋	男	63.08	75.03
軍訓教官	蔣先凰	女	77.09	91.03	軍訓教官	萬里牧	男	79.04	83.09	軍訓教官	周披星	男	69.02	75.09
軍訓教官	賴明俊	男	83.02	92.03	軍訓教官	劉全毅	男	79.07	83.09	軍訓教官	劉春麗	女	68.09	76.01
軍訓教官	林怡忠	男	82.08	92.04	軍訓教官	張振島	男	80.04	83.09	軍訓教官	蔡清	男	68.08	76.03
軍訓教官	查公正	男	84.03	92.08	軍訓教官	石遠臺	男	79.07	84.02	軍訓教官	江黔兆	男	73.08	77.06
軍訓教官	林一熹	男	83.09	93.03	軍訓教官	谷祖利	男	81.03	84.07	軍訓教官	陳美枝	女	69.02	77.08
軍訓教官	駱華嘉	男	77.02	93.05	軍訓教官	蕭明玉	女	76.03	84.08	軍訓教官	詹莉莉	女	70.08	77.08
軍訓教官	詹源興	男	81.08	93.05	軍訓教官	張靜芝	女	77.09	85.07	軍訓教官	王子斐	男	69.10	77.09
軍訓教官	吳坤演	男	85.02	93.08	軍訓教官	孔台生	男	79.04	85.08	軍訓教官	沈宜麗	女	68.02	77.10
軍訓教官	高小仙	女	80.07	93.12	軍訓教官	鄭大平	男	73.08	85.09	軍訓教官	劉式緻	女	74.08	78.09
軍訓教官	王寶貴	男	85.09	94.01	軍訓教官	羅新竹	男	76.08	85.09	軍訓教官	黃旅	女	70.08	78.10
軍訓教官	張義方	男	84.03	95.01	軍訓教官	黃千訓	男	83.02	85.09	軍訓教官	費鴻福	男	72.02	78.10
軍訓教官	孫晉興	男	85.09	95.01	軍訓教官	彭瑞姬	女	86.03	96.11	軍訓教官	吳宏成	男	93.03	98.09
軍訓教官	林福佐	男	81.08	96.10	軍訓教官	王潤身	男	83.04	97.09	軍訓教官	周之文	男	87.10	98.11
軍訓教官	唐瑞和	男	83.04	96.11	軍訓教官	莊炫淦	男	85.08	97.11	軍訓教官	陳國慶	男	83.04	100.08

信義、楊長基、洪繼志、林柏宏、蘇鮮華、周文斌），及各教官共四十四人。還有九位護理老師，如下：卓金鴻、郎鴻俊、陳芳珍、陳凌仙、陳純貞、郭碧雲、葉琇珠、張淑容、陳秀卿。合教官和護理老師共五十三人。

△民國八十六年元月：

總教官李長嘯將軍，以下有七位主任教官（孫彭聲、楊長基、林柏宏、吳元俊、陳福成（筆者）、林怡忠、許火利），及各教官共四十七人。另有七位護理老師，合教官和護理老師共五十四人。

△民國八十六年十月：

軍訓室主任由農工系教授黃宏斌擔任，含主任教官、教官、護理老師共五十人。但因黃宏斌並非軍職，且台大並無「軍訓室主任」編銜，本質上這是台大違法任用。所以黃宏斌不能算是教官之一員。

八十七年度軍訓論文著作成果揭曉

陳家宏、陳梅燕、劉翠薇獲佳作

（本刊訊）「教育部軍訓處八十七年度軍訓人員論文著作「複審作業已完成，本年度各督考分區、省、市軍訓室參加複審論文共計四十一篇．經複審小組評審後，成績達八十五分以上者（佳作）計三篇：第一名：大同高中中尉教官陳家宏：八十八分，作品名稱為「論台海局勢變遷下我民防政策與教育之革新因應」．第二名：台灣大學少校教官陳梅燕：八十七分，作品名稱為「關於國家安全研發課程的兩個個案研究」．第三名：醒吾商專護理教師劉翠薇：八十五分，作品名稱為「醒吾商專學生運動行為探討」．（吳學忠　分機二二）

87.2.16. 軍訓通訊 首版

國立臺灣大學軍訓教官任務編組業務及職掌區分表

中華民國八十四年十二月一日 80 崙政字第〇六一號

級職	姓名	職掌	電話
陸軍少將總教官兼軍訓室主任	李長嘯	承校長之命綜理全校軍護教學暨交辦等事宜	自動：三六二五五一三 校內：二二二八 宅：

軍訓教官

區分（業務/編組）	中心工作	級職	姓名	職掌	電話（公）	代理人
主任	綜理軍訓室業務	上校主任教官	楊長燕	一、綜合督導軍訓室全般業務 二、綜理總教官交辦事宜	2607	許火利
教育組	主辦學生在校軍訓、學生集訓、預官考選及有關軍訓教育之全般業務	中校教官	張茂榮	一、特殊事件反映及處理 二、教官緊急應變計劃之釐訂及執行 三、學生系會活動之策劃及協調 四、軍訓教育課程問卷 五、督課全般事宜 六、臨時交辦事項	2230	陳國慶
教育組		少校教官	陳國慶	一、年度軍訓教育計劃之策定 二、學生軍護課程任課編組及週課表之排定 三、綜理軍訓教學試教及補助教材之購置 四、教育週記意見反映之處理 五、電化教學之策定 六、臨時交辦事項	2229	張茂榮
教育組		少校教官	張義方	一、大學部預官考選及研究生預官甄選協辦 二、軍訓課本之申購事宜 三、軍官團活動業務 四、電腦連線及戰時服勤 五、榮民子弟服務及民防 六、臨時交辦事項	2024	唐瑞和
教育組		中校教官	唐瑞和	一、大學部預官考選協辦 二、研究生預官甄選 三、學生成功嶺集訓及海青會講習業務 四、學生集訓成績之登記及移轉 五、軍訓通訊保管及運用 六、臨時交辦事項	2024	張義方
服務組	學生服務及團務活動	中校教官	吳坤演	一、冬夏令學生社會服務隊學術研究隊業務 二、國際事務學會會員考選 三、國家慶典校外活動協調作業 四、青年獎章優秀青年之遴薦 五、外賓參觀訪問接待 六、臨時交辦事項	2216・3638961・2604	林怡忠
服務組		中校教官	林怡忠	一、綜理自強活動全般業務 二、急難濟助及貸款業務 三、社團活動申請補助業務 四、期刊比賽及團務一般業務 五、青年友好訪問團遴選作業 六、臨時交辦事項	2216・3638961・2604	吳坤演

宿舍輔導

舍區	宿舍	級職	姓名	電話（自動）	電話（校內）	電話（宅）
第一舍區 7338714		中校主任教官	許火利	735-5618	2568	
第一舍區	男1	中校教官	馬大明	7385569 200	3360	
第一舍區	男1	中校教官	王力生	7385569 300	3360	
第一舍區	男3	少校教官	陳錫寬		3479	
第一舍區	男5	中校教官	劉亞凡	735-3831	3182	
第一舍區	男6	少校教官	詹源興	732-6271	2912	
第一舍區	男7	中校教官	孔台生	733-7082	2567	
第一舍區	男8	中校教官	張德英	735-8498	2810	
第二舍區 3621726		上校主任教官	孫彭馨	3635920	2578（手寫 2580）	
第二舍區	研1 男	中校教官	林福佐	3635920	2570	
第二舍區	研1 女	中校教官	郭玉華	363-2287	2565	
第二舍區	研2 男	中校教官	羅新竹	3631395 3621726	2572	
第二舍區	研2 女	中校教官	劉嘉婉	3631395 3621726	2571	
第二舍區	男13	中校教官	賴明俊	363-5921	2573	
第二舍區	男14	中校教官	賴明傑	363-5922	2574	
第二舍區	數化	中校教官	羅新竹	363-6906	2580	
第三舍區 3210693		中校主任教官	吳元俊	393-2936	3519641-9 235	
第三舍區	男4	中校教官	周錫郎	3210693	3519641-9 237	
第三舍區	男4	中校教官	林一嘉	3210693	3519641-9 236	
第三舍區	男16	中校教官	黃千訓	321-0693	3519641-9 238	
第三舍區	女4	上尉教官	吳曉慈	341-0196	3519641-9 237	

總值日教官室 電話：學校總機：三六三〇二三一 自動：三六三七五七四 校內：二六〇八

院系輔導

文學院 上校主任教官林柏宏 3630184

系別	中文	外文（一、三年級）	外文（二、四年級）	歷史	哲學	圖館、人類	日文
輔導教官	王福燕	蔣先風	郭玉華	張靜芝	駱藝嘉	熊文娟	郭玉華

理學院 上校主任教官楊長泰 2607

系別	數學	物理	化學	心理、大氣	動物、植物	地質	地理
輔導教官	王學龍	唐瑞和	林怡忠	吳坤演	劉嘉純	王學龍	林怡忠

法學院 中校主任教官吳元俊 3932936

系別	法律（二、四年級）	法律（一、三年級）	政治	經濟	社會	
輔導教官	林一奏	吳曉慧	黃筱荃	黃千訓	周錫郎	徐州路21號

醫學院 上校主任教官陳國瑞 3515583

系別	醫學系（一、三、五、七年級）	醫學系（二、四、六年級）	牙醫、醫技	藥學、物治、職治	護理	
輔導教官	王潤身	趙之屏	李建豐	查公正	雷慶餘	仁愛路一段1号

工學院 中校主任教官許火利 7355618

系別	土木	電機（二、四年級）	電機（一、三年級）	機械（二、四年級）	機械（一、三年級）	化工	造船、資訊
輔導教官	林福佐	張茂蔡	王力生	張德英	劉亞凡	唐源興	張義方

農學院 上校主任教官孫彭崟 2571

系別	農藝	農工、農機	農化	植病	畜產、獸醫	農經	農推、園藝	森林
輔導教官	陳錫寬	劉亦哲	嚴新竹	陳錫寬	馬大明	孔台生	吳慧華	陳國慶

管理學院 中校代主任教官鄭大平 3091364(宅)‧2839

系別	國企、會計	工管、財金	資管
輔導教官	高小仙	賴明俊	鄭大平

公衛學院 上校主任兼教官陳國瑞 3515583

系別	公衛	
輔導教官	雷慶餘	仁愛路1段1号

夜間部 上校兼主任教官楊長泰 2607

系別	法律、商學、歷史	電話	中文、外文	電話
輔導教官	陳福成	3635933 2558	陳梅燕	3635933 2591

附註

一、本表係依據軍訓教官任務，針對實際狀況調製而成，自八十四年十二月一日起實施。
二、表列人員之職務代理人除另有規定外概依本表行之。
三、各系教官職掌，詳見軍訓工作手冊。

公室

行政組：承辦人事行政、綜合業務

職稱	中校教官	中校教官	軍訓組員
姓名	劉亦哲	張茂蔡	呂秀梅
職掌	一、業務職掌分配及值勤表製作 二、軍訓人事綜合業務 三、獎懲及勳章申領 四、經驗移交及在職進修深造業務 五、暑期研習及補知研習 六、臨時交辦事項 (H): 2301380	一、年度軍訓行事曆之擬定 二、軍訓會報與報告資料之擬定 三、年度軍訓督考與分區督導之策辦 四、軍訓綜合業務 五、軍訓成績考查及測驗全般事宜 六、臨時交辦事項	一、校園網路資料彙整及問題解答 二、軍訓教學室等資料蒐集彙整及運用 三、教學器材圖書保管維護 四、年度預算之編列與管制 五、一般行政及總勤業務之辦理 六、臨時交辦事項
電話	2608	2228	2025

生活輔導組

綜理生活輔導組業務

職稱	上校主任教官	少校教官	中校教官
姓名	林柏宏	駱藝嘉	熊文娟
職掌	一、綜理生活輔導組全般業務 二、綜理學務長交辦事宜 三、臨時交辦事項	一、學生生活輔導全般業務 二、學生生活教育全般業務 三、學生意外（傷亡）事件、糾紛爭件調處 四、臨時交辦事項	一、學生獎懲案件之管理及程安排 二、生活輔導評鑑工作 三、學生糾紛事件調處 四、臨時交辦事項
電話	3630184	2214	2215

陳國慶	劉亦哲	唐瑞和	林松寶	熊文娟	駱藝嘉

宿舍區

第四宿舍區 3515583

舍別	女7		男2	男2	男2	男2	女6
職稱	中校教官	上校主任教官	中校教官	中校教官	中校教官	中校教官	中校教官
姓名	黃筱荃	陳國瑞	李建豐	王潤身	查公正	趙之屏	雷慶餘
電話	341-6825	3515583	3515583	3515583	3515583	3515583	341-8541
分機	239	3970800-8041	3970800-8046	3970800-8046	3970800-8046	3970800-8046	3970800-8047

女生宿舍區 3635923

舍別		女1	女2	女3	女5	女8	女9
職稱	中校教官	少校教官	少校教官	中校教官	少校教官	少校教官	中校教官
姓名	張靜芝	王福燕	蔣先風	張靜芝	陳梅燕	吳慧華	高小仙
電話	363-5923	363-8049	362-8079	363-5923	363-8140	363-1514	363-0166
分機	2576	2627	2911	2576	2577	2578	2579

國立臺灣大學軍訓室任務編組業務及職掌區分表

級職	姓名	職掌	電話
軍訓室少將主任	李長嘯	承校長之命綜理全校軍護教學暨交辦等事宜	自動：三六二五五一三 校內：二二二八 宅：

業務區分	職稱	姓名	職掌	電話（公）	代理人
學生兵役事務組	主任教官兼組長	楊長基	一、綜合督導軍訓室全般業務。 二、綜理總教官交辦事宜。	2607	馬大明
學生兵役事務組	教官	馬大明	一、軍訓人事綜合業務。 二、獎懲及勳章申領。 三、在職進修及暑期研習。 四、軍訓督考之策辦（兼）。 五、業務職掌分配及值勤表製作。 六、年度行事曆之擬定（兼）。 七、臨時交辦事項。	2608	查公正
學生兵役事務組	教官	查公正	一、特殊事件反映及處理。 二、軍訓綜合業務（兼）。 三、軍訓教育課程問卷（兼）。 四、學生集會活動之策劃及協調。 五、教官緊急應變計劃之擬定及執行。 六、軍訓成績考查、測驗及督課全般事宜（兼）。 七、臨時交辦事項。	2230	馬大明
學生兵役事務組	教官	賴明俊	一、大學部役男緩征，儘後召集業務。 二、研究生役男緩征，儘後召集業務。 三、僑生兵役業務。 四、電腦連線業務及校園網路資料彙整及問題解答。 五、臨時交辦事項	2024	唐瑞和
學生兵役事務組	教官	唐瑞和	一、預官考選。 二、博士班研究生預官甄選協辦。 三、軍官團活動業務。 四、軍訓通訊保管及運用。（兼） 五、臨時交辦事項。	2024	張義方
學生兵役事務組	教官	張義方	一、博士班研究生預官甄選及預官考選協辦。 二、學生成功嶺集訓及海青會講習。 三、大專集訓成績之登記及移轉。 四、青年戰時服勤及民防。 五、軍訓課本申領。（兼） 六、軍訓教學宣傳資料蒐集彙整及運用。（兼）	2024	賴明俊
學生兵役事務組	教官	呂秀樺	一、一般行政及後勤業務之辦理。 二、教學器材圖書保管維護。 三、年度預算之編列與管制。 四、臨時交辦事項。	2025	唐瑞和
教學研	主任教官兼組長	孫彭壁	一、督導軍訓教育全般事宜。 二、臨時交辦事項。	2571 2229	陳國慶
教學研	教官	陳國慶	一、年度軍訓教育之策劃。 二、學生軍護課程任課編組及課表排定。 三、綜理軍訓教學試教及輔助教材之購置。 四、教育週記意見反映處理。	2229	查公正

宿舍輔導

舍區	宿舍	職稱	姓名	電話（自動）	電話（校內）	電話（宅）	電話（舍區）
第一舍區	主任	主任教官	許火利	735-5618	2658		7338714
第一舍區	男1	教官	陳錫寬	7385569 200	3360		
第一舍區	男1	教官	張茂榮	7385569 300	3360		
第一舍區	男3	教官	駱華嘉		2479		
第一舍區	男5	教官	劉亞凡	735-3831	3182		
第一舍區	男6	教官	詹源興	732-6271	2912		
第一舍區	男7	教官	王力生	733-7082	2567		
第一舍區	男8	教官	張德英	735-8498	2810		
第二舍區	主任	主任教官	孫彭壁	3635920	2569		3621726
第二舍區	研1 男	教官	王寶貴	3635920	2570		
第二舍區	研1 女	教官	郭玉華	363-2287	2565		
第二舍區	研2 男	教官	楊松麟	3631395 3621726	2572		
第二舍區	研2 女	教官	刑嘉婉	3631395 3621726	2571		
第二舍區	男14 13	教官	曾祥炎	3635921 3635922	2573 2574		
第二舍區	數化	教官	楊松麟	363-6906	2580		
第三舍區	主任	主任教官	吳元俊	393-2936	235		3210693
第三舍區	男4	教官	韓大勇	3210693	237		
第三舍區	男4	教官	孫晉興	3210693	238		
第三舍區	男16	教官	林一真	321-0693	236		
第三舍區	女4		黃筱荃	341-0196	237		
第三舍區	女7		吳曉慧	341-6825	239		

第三舍區：3519641-9

總值日	電話
教官室	學校總機：三六三〇二三一 自動：三六三七五七四 校內：二六〇八

組別	職稱	姓名	職掌	電話
（究組）			五、電化教學之策定。六、臨時交辦事項。	
究組	教官	孫晉興	一、支援共同教育委員會。二、臨時交辦事項。	3646
服務組	主任教官兼組長	林怡忠	一、督導服務組全般事宜。二、急難濟助及貸款業務。三、社團活動申請補助業務。四、期刊比賽及團務一般業務。五、青年友好訪問團遴選作業。六、綜理自強活動全般業務。七、臨時交辦事項。	2216(外) (內)2839
服務組	教官	吳坤演	一、冬夏令學生社會服務隊學術研究隊業務。二、國際事務學會會員遴選。三、國家慶典校外活動協調作業。四、青年獎章及優秀青年之遴選。五、外賓參觀訪問接待。六、臨時交辦事項。	2604
服務組	教官	林福佐	一、學生生活輔導教育全般業務。二、學生意外（急亡）事件、糾紛事件調處。三、[illegible]宣教事宜。四、交通安全宣教事宜。五、學生急難救助慰問事宜。六、臨時交辦事項。	2215
服務組	教官	王學航	一、校區餐廳、福利社服務事宜。二、臨時交辦事項。	3678

正	陳國慶	吳坤演	林怡忠	王學航	林福佐

舍區	區別	職稱	姓名	電話	分機
第四舍區		主任教官	林柏宏	3970800	8041
第四舍區	男2	教官	李建豐、王潤身、孫興民、莊炫淦	3515583	8046
第四舍區	女6	教官	雷慶餘	341-8541	8047
女生宿舍區		教官	高小仙	363-0166	2579
女生宿舍區	女1	教官	王福燕	363-3049	2627
女生宿舍區	女2	教官	蔣先凰	362-8079	2911
女生宿舍區	女3	教官	吳慧華	363-5923	2576
女生宿舍區	女5	教官	[illegible]	363-8140	2177
女生宿舍區	女9、8	教官	高小仙		
國青		教官	周錫郎		3689

第四舍區	女生宿舍區	國青
3515583	3635923	3689

院系輔導

學院	主任教官	電話	系別	輔導教官
文學院	陳福成	2558	中文	王福燕
			外文（二、四年級）	蔣先凰
			外文（一、三年級）	郭玉華
			歷史、哲學	査公正
			圖館、人類	高小仙
			日文	賴明俊
理學院	楊長基	2607	數學	王學航
			物理	唐瑞和
			化學	吳坤演
			心理、大氣	吳坤演
			動物、植物	荆嘉婉
			地質	王學航
			地理	唐瑞和
法學院	吳元俊	3932936	法律（一、三年級）	韓大勇
			法律（二、四年級）	吳曉琵
			政治	黃薇荃
			經濟	林一桑
			社會	孫晉興
醫學院	林柏宏	3515583	醫學系（一、三、五、七年級）	莊炫淦
			醫學系（二、四、六年級）	王潤身
			牙醫、醫技	李健豐
			藥學、物治、職治	孫興民
			護理	熊文娟
工學院	許火利	7355618	土木	林福佐
			電機（一、三年級）	駱華嘉
			電機（二、四年級）	王力生
			機械（一、三年級）	張德英
			機械（二、四年級）	劉亞凡
			化工	詹源興
			造船、資訊	張義方
農學院	孫彭發	2569,2571	農藝	陳錫寬
			農工、農機	張茂榮
			農化	曾祥炎
			植病	陳錫寬
			畜產、獸醫	馬大明
			農經	王寶貴
			農推、園藝	吳慧華
			森林	陳國慶
管理學院	林怡忠	2839	國企、會計	楊松麟
			工管、財金	周錫郎
			資管（一、三年級）	楊松麟
			資管（二、四年級）	周錫郎
公衛學院	林柏宏（兼）	3515583	公衛	雷慶餘
夜間部	陳福成（兼）	2558	法律、商學、歷史	陳福成（電話 3635933、2558）
			中文、外文	陳梅燕（電話 3635933、2591）

附註

一、本表係依據軍訓教官任務，針對實際狀況調製而成，自八十五年十一月一日起實施。

二、表列人員之職務代理人除另有規定外，概依本表行之。

三、各系教官職掌，詳見軍訓工作手冊。

國立臺灣大學軍訓室任務編組業務及職掌區分表

中華民國八十六年五月一日 (86)嘯政字第　號

級職	姓名	職掌	電話
軍訓室少將主任	李長嘯	承校長之命綜理全校軍護教學暨交辦等事宜	自動：三六二五五一三 校內：二二二八 宅：

業務區分（編組）	職稱	姓名	職掌	電話（公）	電話（宅）	代理人
學生兵役事務組	主任教官兼組長	楊長基	一、綜合督導軍訓室全般業務。 二、綜理總教官交辦事宜。	2607	7365633	馬大明
	教官	馬大明	一、軍訓人事綜合業務。 二、獎懲及勳章申領。 三、在職進修及暑期研習。 四、軍訓督考之策辦（兼）。 五、業務職掌分配及值勤表製作。 六、年度行事曆之擬定（兼） 七、臨時交辦事項。	2608		臺公正
	教官	臺公正	一、特殊事件反映及處理。 二、軍訓綜合業務（兼）。 三、軍訓教育課程問卷（兼）。 四、學生集會活動之策劃及協調。 五、教官緊急應變計劃之釐定及執行。 六、軍訓成績考查、測驗及督課全般事宜（兼）。 七、臨時交辦事項。	2230		馬大明
	教官	賴明俊	一、大學部役男緩征，儘後召集業務。 二、研究生役男緩征，儘後召集業務。 三、僑生兵役業務。 四、電腦連線業務及校園網路資料彙整及問題解答。 五、臨時交辦事項	2024		唐瑞和
	教官	唐瑞和	一、預官考選。 二、博士班研究生預官甄選協辦。 三、軍官團活動業務。 四、軍訓通訊保管及運用。（兼） 五、臨時交辦事項。	2024		張義方
	教官	張義方	一、博士班研究生預官甄選及預官考選協辦。 二、學生成功嶺集訓及海青會講習。 三、大專集訓成績之登記及移轉。 四、青年戰時服勤及民防。 五、軍訓課本申領。（兼） 六、軍訓教學宣傳資料蒐集彙整及運用。（兼）	2024		賴明俊
	教官	陳君怡	一、一般行政及後勤業務之辦理。 二、教學器材圖書保管維護。 三、年度預算之編列與管制。 四、臨時交辦事項。	2025		唐瑞和
教學研究組	主任教官兼組長	孫彭鍪	一、督導軍訓教育全般事宜。 二、臨時交辦事項。	2571 2229		陳國慶
	教官	陳國慶	一、年度軍訓教育之策劃。 二、學生軍護課程任課編組及課表排定。 三、綜理軍訓教學試教及輔助教材之購置。 四、教育週記意見反映處理。	2229		臺公

總值日教官室電話：學校總機：三六三〇二三一　自動：三六三七五七四　校內：二六〇八

宿舍輔導

舍區	宿舍	職稱	姓名	電話（自動）	電話（校內）	電話（宅）	電話（會區）
第一舍區	主任	主任教官	許火利	735-5618	2568		7338714
	男1	教官	陳錫寬	7385569　200	3360		
	男1	教官	張茂鍪	7385569　300	3360		
	男3	教官	駱華嘉		3479		
	男5	教官	劉亞凡	735-3831	3182		
	男6	教官	詹源興	732-6271	2912		
	男7	教官	王力生	733-7082	2567		
	男8	教官	張德英	735-8498	2810		
第二舍區	主任	主任教官	孫彭鍪	3635920	2569		3621726
	研1 男	教官	王寶貴	3635920	2570		
	研1 女	教官	郭玉華	363-2287	2565		
	研2 男	教官	王肇航	3631395 3621726	2572		
	研2 女	教官	荆嘉婉	3631395 3621726	2571		
	男 14 13	教官	曹祥炎	3635921 3635922	2573 2574		
	數化	教官	王肇航	363-6906	2580		
第三舍區	主任	主任教官	吳元俊	393-2936	3519641-9　235		3210693
	男4	教官	韓大勇	3210693	3519641-9　237		
	男4	教官	孫晉興	3210693	3519641-9　238		
	男16	教官	林一桑	321-0693	3519641-9　236		
	女4	教官	吳曉慧	341-0196	3519641-9　614		
	女7	教官	黃筱荃	341-6825	3519641-9　615		

院系輔導

文學院　主任教官 陳福成 2558

系別	中文	外文		歷史 哲學	圖館 人類	日文	
輔導教官	[illegible]	二、四年級 蔣先凰	一、三年級 郭玉華	臺公正	高小仙	賴明俊	

理學院　主任教官 楊長春 2607

系別	物理	數學 地質	地理 化學	心理 大氣	動物 植物		
輔導教官	廖瑞和	王肇航	陳梅燕	吳坤演	劉嘉婉		

法學院　主任教官 吳元俊 3932936

系別	法律		政治	經濟	社會			
輔導教官	一、三年級 韓大勇	二、四年級 吳曉慧	黃筱荃	林一嘉	孫晉興			

醫學院　主任教官 林柏宏 3515583

系別	醫學系	牙醫 醫技	藥學 物治 職治	護理
輔導教官	王潤身	莊炫淦	孫興民	熊文娟

工學院　主任教官 許火利 7355618

系別	土木	電機		機械		化工	造船 資訊
輔導教官	林福佐	一、三年級 駱筆嘉	二、四年級 王力生	一、三年級 張德英	二、四年級 劉亞凡	詹源興	張義方

農學院　主任教官 孫彭發 2569,2571

系別	農藝 植病	農工 農機	農推 農化	畜產 獸醫	農經	園藝 森林
輔導教官	陳錫寬	張茂榮	曾祥炎	馬大明	王寶書	陳國慶

管理學院　主任教官 林怡忠 2839

系別	國企 會計	工管 財金	資管			
輔導教官	楊松麟	周錫郎	一、三年級 楊松麟	二、四年級 周錫郎		

公衛學院　兼主任教官 林柏宏 3515583

系別	公衛
輔導教官	雷慶餘

夜間部　兼主任教官 陳福成 2558

系別	法律 商學 歷史	電話	中文 外文	電話
輔導教官	李建璽	3635933 2558	彭瑞姬	3635933 2591

服務組

職稱	主任教官兼組長	教官	教官	教官
姓名	林怡忠	楊松麟	林福佐	陳梅燕
職掌	一、督導服務組全般事宜。 二、急難濟助及貸款業務。 三、社團活動中請補助業務。 四、期刊比賽及團務一般業務。 五、青年友好訪問團遴選作業。 六、綜理自強活動全般業務。 七、臨時交辦事項。	一、冬夏令學生社會服務隊學術研究隊業務。 二、國際事務學會會員遴選。 三、國家慶典校外活動協調作業。 四、青年獎章及優秀青年之遴選。 五、外賓參觀訪問接待。 六、臨時交辦事項。	一、學生生活輔導教育全般業務。 二、學生意外(傷亡)事件,糾紛事件調處。 三、春暉專案宣教事宜。 四、交通安全宣教事宜。 五、學生急難救助慰問事宜。 六、臨時交辦事項。	一、校區餐廳、福利社服務事宜。 二、臨時交辦事項。
電話	2216 2839	2604	2215	3678

研究組

職稱	教官	
姓名	吳坤演	
職掌	一、支援共同教育委員會。 二、臨時交辦事項。	五、電化教學之策定。 六、臨時交辦事項。
電話	3646	

林福佐	陳梅燕	林怡忠	楊松麟	陳國慶	正

宿舍輔導

區別	國青	女生會區						第四會區				
職稱	教官	女9 8 教官	女5 教官	女3 教官	女2 教官	女1 教官	教官	女6 教官	男2 教官			主任教官
姓名	周錫郎	高小仙	彭瑞姬	吳慧華	蔣先凰	王福燕	高小仙	雷慶餘	莊炫淦	孫興民	王潤身	林柏宏
電話	369-2676		363-8140	363-5923	362-8079	363-8049	363-0166	341-8541	3515583			
分機	3689		2577	2576	2911	2627	2579	3970800 8047	8046			8041
夜間	3689	3635923						3515583				

附註

一、本表係依據軍訓教官任務,針對實際狀況調製而成,自八十六年五月一日起實施。
二、表列人員之職務代理人除另有規定外概依本表行之。
三、各系教官職掌,詳見軍訓工作手冊。

國立臺灣大學軍訓室任務編組業務及職掌區分表

中華民國八十六年十月一日

業務區分	職稱	姓名	職掌	電話（公）	電話（宅）	代理人
軍訓室主任		黃宏斌	承校長之命綜理全校軍護教學暨交辦等事宜	自動：三六三九五六八 校內：二二二八	宅：三九一七〇九〇	
學生兵役事務組	主任教官兼組長	許火利	一、綜合督導軍訓室全般業務。 二、綜理軍訓主任交辦事宜。	2607	8915520	周錫郎
學生兵役事務組	教官	周錫郎	一、軍訓人事綜合業務。 二、獎懲及勳章申領。 三、在職進修及暑期研習。 四、軍訓督考之策辦（兼）。 五、業務職掌分配及值勤表製作。 六、年度行事曆之擬定（兼） 七、臨時交辦事項。	2026	9188046	查公正
學生兵役事務組	教官	查公正	一、特殊事件反映及處理。 二、軍訓綜合業務（兼）。 三、軍訓教育課程問卷（兼） 四、學生集會活動之策劃及協調。 五、教官緊急應變計劃之釐定及執行。 六、軍訓成績考查、測驗及督課全般事宜（兼）。 七、臨時交辦事項。	2230	2650016	周錫郎
學生兵役事務組	教官	賴明俊	一、大學部役男緩徵，儘後召集等學生兵役業務。 二、研究生役男緩徵，儘後召集等學生兵役業務。 三、僑生兵役業務。 四、台大校園網路椰林軍訓室板資料彙整及問題解答 五、臨時交辦事項	2024	9306482	張義方
學生兵役事務組	教官	熊文娟	一、預官考選。 二、博士班研究生預官甄選協辦。 三、軍官團活動業務。 四、軍訓通訊保管及運用。（兼） 五、臨時交辦事項。	2024		張義方
學生兵役事務組	教官	張義方	一、博士班研究生預官甄選。 二、學生成功嶺集訓及海青會講習。 三、大專女生軍事訓練班。 四、青年動員服勤。 五、軍訓課本申領。（兼） 六、臨時交辦事項。	2024	93[illegible]1140	熊文娟
學生兵役事務組	軍訓組員	陳君怡	一、一般行政及後勤業務之辦理。 二、教學器材圖書保管維護。 三、年度預算之編列與管制。 四、臨時交辦事項。	2608	7630193	查公正
教學研	主任教官兼組長	孫彭榮	一、督導軍訓教育全般事宜。 二、臨時交辦事項。	2571 2229	8734361	陳國慶
教學研	教官	陳國慶	一、年度軍訓教育之策劃。 二、學生軍護課程任課編組及課表排定。 三、綜理軍訓教學試教及輔助教材之購置。 四、教育週記意見反映處理。	2229	327440	查公

總值日教官室 電話：學校總機：三六三〇二三一；自動：三六三七五七四；校內：二六〇八

宿舍輔導（舍區）	宿舍	職稱	姓名	電話（自動）	電話（校內）	電話（宅）	電話（會區）
第一舍區	主任	教官	劉亞凡	735-5618	2568		7338714
第一舍區	男1	教官	陳錫寬	7385569 200	3360		
第一舍區	男1	教官		7385569 300	3360		
第一舍區	男3	教官	駱華嘉		3479		
第一舍區	男5	教官	張茂榮	735-3831	3182		
第一舍區	男6	教官	詹源興	732-6271	2912		
第一舍區	男7	教官	王力生	733-7082	2567		
第一舍區	男8	教官	張德英	735-8498	2810		
第二舍區	主任	教官	孫彭榮	3635920	2569		3621726
第二舍區	研1 男	教官	王寶貴	3635920	2570		
第二舍區	研1 女	教官	郭玉華	363-2287	2565		
第二舍區	研2 男	教官	王瑩航	3631395 3621726	2572		
第二舍區	研2 女	教官	荊嘉婉	3631395 3621726	2571		
第二舍區	男 13 14	教官	曾祥炅	3635922	2574		
第二舍區	數化	教官	王瑩航	363-6906	2580		
第三舍區	主任	教官	吳元俊	393-2936	235		3210693
第三舍區	男4	教官	韓大勇	3210693	3519641-9 237		
第三舍區	男4	教官	孫晉興	3210693	3519641-9 238		
第三舍區	男16	教官	林一嘉	321-0693	3519641-9 236		
第三舍區	女4	教官	王福燕	341-0196	3519641-9 614		
第三舍區	女7	教官	吳曉慧	341-6825	615		

組別	職稱	姓名	職掌	分機	電話	代理人
研究組			五、電化教學之策定。六、臨時交辦事項。		9	正
研究組	教官	吳坤演	一、支援共同教育委員會。二、臨時交辦事項。	3646	2407290	陳國慶
服務組	主任教官兼組長	林怡忠	一、督導服務組全般事宜。二、臨時交辦事項。	2839	3089049	楊松麟
服務組	教官	王潤身	一、急難濟助及貸款業務。二、社團活動中請補助業務。三、綜理自強活動全般業務。四、臨時交辦事項。	2604	9424619	楊松麟
服務組	教官	楊松麟	一、冬夏令學生社會服務隊學術研究隊業務。二、期刊比賽及團務一般業務。三、青年友好訪問團遴選作業。四、海報處理。五、臨時交辦事項。	2604	8011210	王潤身
服務組	教官	林福佐	一、學生生活輔導教育全般業務。二、學生意外（傷亡）事件，糾紛事件調處。三、春暉專案宣教事宜。四、交通安全宣教事宜。五、學生急難救助慰問事宜。六、臨時交辦事項。	2215	7782952	陳梅燕
服務組	教官	陳梅燕	一、校區餐廳、福利社服務事宜。二、臨時交辦事項。	3678	8099743	林福佐

區別	宿舍	職稱	姓名	電話	分機	夜間
第四會區		主任教官	林柏宏	3970800	8041	3515583
第四會區	男2	教官	唐瑞和	3515583 / 3970800	8046	3515583
第四會區	男2	教官	孫興民	3515583 / 3970800	8046	3515583
第四會區	男2	教官	莊炫淦	3515583 / 3970800	8046	3515583
第四會區	女6	教官	雷慶餘	341-8541 / 3970800	8047	3515583
女生會區		教官	高小仙	363-0166	2579	3635923
女生會區	女2	教官	蔣先鳳	362-8079	2911	3635923
女生會區	女5	教官	彭瑞姬	363-8140	2577	3635923
女生會區	女9 8	教官	高小仙	363-0166	2579	3635923
國青		教官	馬大明	369-2676	3689	3689

院系輔導

學院	主任教官	系別	輔導教官
文學院	主任教官 陳福成 2558	中文	蔣先鳳
		外文	郭玉華
		歷史、哲學	查公正
		圖館、人類	高小仙
		日文	賴明俊
理學院	主任教官 劉亞凡 7355618	物理	王潤身
		數學、地質	王學毅
		地理、化學	陳梅燕
		心理、大氣	吳坤演
		動物、植物	劉嘉鋮
法學院	主任教官 吳元俊 3932936	法律	韓大勇
		政治	一、三年級 王福燕；二、四年級 吳曉慈
		經濟	林一長
		社會	孫晉興
醫學院	主任教官 林柏宏 3515583	醫學系	唐瑞和
		牙醫、醫技	蘇炫淦
		藥學、物治、職治	孫興民
		護理	雷慶餘
工學院	主任教官 許火利 2607	土木	林福佐
		機械	一、三年級 熊文娟；二、四年級 張德笑
		化工	詹源興
		造船、資訊	張義方
電機學院	主任教官兼 許火利 2607	電機	一、三年級 王力生；二、四年級 駱華嘉
農學院	主任教官 孫彭發 2569, 2571	農藝、植病	陳錫寬
		農工、農機	張茂榮
		農推、農化	曾祥炎
		畜產、獸醫	馬大明
		農經	王寶貴
		園藝、森林	陳國慶
管理學院	主任教官 林怡忠 2839	國企、會計	楊松麟
		工管、財金	周錫郎
		資管	一、三年級 周錫郎；二、四年級 楊松麟
公衛學院	主任教官兼 林柏宏 3515583	公衛	雷慶餘
夜間部	主任教官兼 陳福成 (O)2558 (H)9328790	法律、商學、歷史	李建豐（電話 3635933、2558）
		中文、外文	彭瑞姬（電話 3635933、2591）

附註

一、本表係依據軍訓教官任務，針對實際狀況調製而成，自八十六年十月一日起實施。
二、表列人員之職務代理人除另有規定外概依本表行之。
三、各系教官職掌，詳見軍訓工作手冊。

國立臺灣大學軍訓室任務編組業務及職掌區分表

業務區分	職稱	姓名	職掌	電話（公）
	軍訓室主任	黃宣威	承校長之命綜理全校軍護教學暨交辦等事宜	自動：三六三九五六八 校內：二二二八 宅：
學生兵役事務組	主任教官兼組長	許火利	一、綜合督導軍訓室全般業務。 二、綜理軍訓主任交辦事宜。	2607
	教官	張義方	一、軍訓人事綜合業務。 二、獎懲及勤業申領。 三、在職進修及暑期研習。 四、軍訓督考之策辦（兼）。 五、業務職掌分配及值勤表製作。 六、年度行事曆之擬定（兼）。 七、臨時交辦事項。	2026
	教官	臺公正	一、特殊事件反映及處理。 二、軍訓綜合業務（兼）。 三、軍訓教育課程問卷（兼）。 四、學生集會活動之策劃及協調。 五、教官緊急應變計劃之釐定及執行。 六、軍訓成績考查、測驗及督課全般事宜（兼）。 七、臨時交辦事項。	2230
	教官	賴明俊	一、大學部役男緩徵，儘後召集等學生兵役業務。 二、研究生役男緩徵，儘後召集等學生兵役業務。 三、僑生兵役業務。 四、台大校園網路鄉林軍訓室板資料彙整及問題解答 五、臨時交辦事項	2024
	教官	熊文娟	一、預官考選。 二、博士班研究生預官甄選協辦。 三、軍官團活動業務。 四、軍訓通訊保管及運用。（兼） 五、臨時交辦事項。	2024
	教官	馬大明	一、博士班研究生預官甄選。 二、學生成功嶺集訓及海青會講習。 三、大專女生軍事訓練班。 四、青年動員服勤。 五、軍訓課本申領。（兼） 六、臨時交辦事項。	2024
	軍訓組員	陳君怡	一、一般行政及後勤業務之辦理。 二、教學器材圖書保管維護。 三、年度預算之編列與管制。 四、臨時交辦事項。	2608
教學研究	主任教官兼組長	孫彭瑩	一、督導軍訓教育全般事宜。 二、臨時交辦事項。	2571 2229
	教官	陳國慶	一、年度軍訓教育之策劃。 二、學生軍護課程任課編組及課表排定。 三、綜理軍訓教學試教及輔助教材之購置。 四、教育週記意見反映處理。 五、電化教學之策定。 六、臨時交辦事項。 83.2.23	2229

姓名	代理人
許火利	周錫郎
張義方	臺公正
臺公正	張義方
賴明俊	張義方
熊文娟	馬大明
馬大明	熊文娟
陳君怡	臺公正
孫彭瑩	陳國慶
陳國慶	臺公正

宿舍輔導

會區	會宿	職稱	姓名	電話（自動）	電話（校內）	會區電話
第一會區	主任	主任教官	劉亞凡	735-5618	2568	7338714
	男1	教官	陳錫寬	7385569 300 | 200	3360	
	男3	教官	楊善嘉		3479	
	男5	教官	[illegible]	735-3831	3182	
	男6	教官	詹源興	732-6271	2912	
	男7	教官	王力生	733-7082	2567	
	男8	教官	張德英	735-8498	2810	
第二會區	主任	主任教官	孫彭瑩	3635920	2569	3621726
	研1 男	教官	王寶貴	3635920	2570	
	研1 女	教官	郭三峯	363-2287	2565	
	研2 男	教官	王學航	3631395 3621726	2572	
	研2 女	教官	劉嘉琬		2571	
	男14 13	教官	曾祥炅	3635922	2574	
	數化	教官	王學航	363-6906	2580	
第三會區	主任	主任教官	吳元俊	393-2936	235	3210693
	男4	教官	韓大雨	3210693	237	
	男4	教官	周錫郎	3210693	238	
	男16	教官	林一姜	321-0693	236	
	女4	教官	王福燕	341-0196	614	
	女7	教官	吳曉慧	341-6825	615	
	主任	主任教官	林柚宜		3041	

第三會區總機：3519641-9

總值日教官室	電話
學校總機	三六三〇二三一
自動	三六三七五七四
校內	二六〇八

院系輔導

學院	主任教官	系別	輔導教官
文學院	主任教官 陳福成 2558	中文	薛先凰
		外文	郭[illegible]
		歷史 哲學	[illegible]
		圖館 人類	高小仙
		[illegible]	[illegible]
理學院	主任教官 劉亞凡 7355618	物理	王潤身
		數學 地質	王學航
		地理 化學	陳梅燕
		心理 大氣	吳坤演
		動物 植物	劉嘉婉
法學院	主任教官 吳光俊 3932936	法律	韓大勇
		政治	一、三年級 王福燕；二、四年級 吳曉恩
		經濟	林一姜
		社會	周錫郎
醫學院	主任教官 林柏宏 3515583	醫學系	唐瑞和
		牙醫 醫技	莊焜淦
		藥學 物治 職治	孫興民
		護理	雷慶餘
工學院	主任教官 許火利 2607	土木	林福佐
		機械	一、三年級 盛大娟；二、四年級 張德英
		化工	唐源興
		造船 資訊	張長方
電機學院	主任教官兼 許火利 2607	電機	二、四年級 路華嘉；一、三年級 王力生
農學院	主任教官 孫彭發 2569, 2571	農藝 植病	陳錫夏
		農工 農機	張茂發
		農推 農化	曹祥炎
		畜產 獸醫	馬大明
		農經	王寶貴
		園藝 森林	陳國慶
管理學院	主任教官 林怡忠 2839	國企 會計	楊松鑑
		工管 財金	孫晉興
		商學	二、四年級 楊松鑑；一、三年級 孫晉興
公衛學院	主任教官兼 林柏宏 3515583	公衛	雷慶餘
夜間部	主任教官兼 陳福成 (O)2558 (H)9328790	法律 商學 歷史	李建豐
		中文 外文	彭瑞[illegible]

夜間部電話：3635933、2591；3635933、2558

組務

職稱	姓名	職掌	電話
教官	陳梅燕	一、校區餐廳、福利社服務事宜。二、臨時交辦事項。	3678
教官	林福佐	一、學生生活輔導教育全般業務。二、學生意外（偶亡）事件，糾紛[illegible]協調處。三、春暉專案業務事宜。四、交通安全宣教事宜。五、學生急難救助慰問事宜。六、臨時交辦事項。	2215
教官	孫晉興	一、冬夏令學生社會服務隊學術研究隊業務。二、期刊比賽及團務一般業務。三、青年友好訪問團遴選作業。四、海報處理。五、臨時交辦事項。	2604
教官	王潤身	一、急難濟助及貸款業務。二、社團活動申請補助業務。三、綜理自強活動全般業務。四、臨時交辦事項。	2604
主任教官兼組長	林怡忠	一、督導服務組全般事宜。二、臨時交辦事項。	2839
教官	吳坤演	一、支援共同教育委員會。二、臨時交辦事項。	3646

林福佐	陳梅燕	王潤身	孫晉興	王潤身	陳國慶

僑園	女生會區				第四會區			
教官	女9 8 教官	女5 教官	女2 教官	教官	女6 教官	男2 教官		
楊松鑑	高山仙	劉冠[illegible]	薛先凰	高小仙	雷慶餘	莊焜淦	孫興民	唐瑞和
369-2676	363-0166	36[illegible]-8110	362-8079	363-0166	341-8541	3515583		
3689	2579	25[illegible]	2911	2579	8047	3970800 8046		
3689	3635923				3515583			

附註

一、本表係依據軍訓教官任務，針對實際狀況調整而成，自八十六年十月一日起實施。

二、表列人員之職務代理人除另有規定外概依本表行之。

三、各系教官職掌，詳見軍訓工作手冊。

國立台灣大學軍訓室任務編組業務[illegible]職掌區分表

中華民國八十七年十月一日

級職	姓名	職掌	電話		電話
軍訓室主任	黃宏斌	承校長之命綜理全校軍護教學暨交辦等事宜	校內：2228 宅 自動：23639568	總值日教官室	學校總機：23630231 自動：23637574 校內：2608

編組	職稱	姓名	職掌	電話（公）	電話（宅）	代理人
學生兵役事務組	教官兼組長	賴明俊	一、大學部、研究所、夜間部(含進修學士班)役男緩徵，儘後召集等學生兵役業務。 二、僑生兵役業務。 三、役男出國業務。 四、台大校園網路椰林軍訓室板資料彙整及問題解答。 五、臨時交辦事項。	2024		
	教官	劉達生	一、預官考選、甄選。 二、海青會講習。 三、青年動員服勤。 四、預官、國防工患訓儲預官、ROTC 等服役宣導。 五、臨時交辦事項。	2024		賴明俊
教學研究組	教官兼組長	林柏宏	一、年度軍訓教育之策劃、軍護課程任課編組及課表排定。 二、綜理軍訓教學試教、軍訓課本中領及輔助教材之購置。 三、教育週記意見反映處理。 四、軍訓教育課程問卷、軍訓成績考查、測驗及督課全般事宜。 五、臨時交辦事項。	2229		吳坤演
	教官	吳坤演	一、支援共同教育委員會。 二、臨時交辦事項。	3646		林柏宏
服務組	教官兼組長	林福佐	一、學生生活輔導教育全般業務。 二、學生意外(傷亡)事件，糾紛事件調處。 三、春暉專案宣教事宜。 四、交通安全宣教事宜。 五、學生急難救助慰問事宜。 六、學生集會活動之策劃及協調。 七、臨時交辦事項。	2215		陳梅燕
	教官	王潤身	一、急難濟助及貸款業務。 二、社團活動申請補助業務。 三、綜理自強活動全般業務。 四、臨時交辦事項。	2604		孫晉興
	教官	孫晉興	一、冬夏令學生社會服務隊學術研究隊業務。 二、期刊比賽及團務一般業務。 三、青年友好訪問團遴選作業。 四、海報處理。 五、臨時交辦事項。	2604		王潤身
	教官	陳梅燕	一、校區營區、協材社服務事宜。 二、臨時交辦事項。	3678		林福佐
人事	教官	王福燕	一、軍訓人事、綜合業務。 二、獎懲及勳獎申頒。 三、在職進修及暑期研習。 四、軍訓督考之籌辦。 五、年度行事曆之擬定、業務職掌分配及值勤表製作。 六、軍官團活動業務、軍訓通訊保管及運用。 七、教官緊急應變計劃之擬定及執行。 八、臨時交辦事項。	2026		陳君怡
行政	組員	陳君怡	一、一般行政。 二、教學器材圖書、電腦網路管理(網管人員兼本室財產管理人)業務。 三、年度預算之編列與管制。 四、軍職貸款、國軍眷宅申購及申貸。 五、軍人保險、軍眷全民健保業務。 六、軍人身份證及軍眷身份證換補發業務。 七、軍訓教官年度健康檢查彙辦。 八、臨時交辦事項。	2608		王福燕

宿舍輔導																																
宿舍	舍區	第一舍區							第二舍區						第三舍區					第四舍區					女生舍區			國青	國防醫學院舍區			
	宿舍	男1		男3	男5	男6	男7	男8	研1男	研1女	研2男	研2女	男13.14	敦化	男4	男16		女4	女7	男2				女6	女2	女5	女8.9					
	姓名	王力生	駱華嘉	張義方	李建豐	詹源興	張茂榮	陳國慶	王寶貴	郭玉華	王學航	蔣嘉純	曾祥炎	馬大明	周錫郎	周之文	林一真	彭瑞姬	吳曉慧	唐瑞和	董公正	蘇妹滄	胡鴻銘	雷慶餘	蔣先鳳	陳梅燕	高小仙	楊松麟	吳元俊	陳福成	林怡忠	許大村
	自動	27355618			2735 3831	2732 6271	2733 7082	2735 8498	2363 5920	2363 2287	2363 1726	2363 1395	2363 5922	2363 9006	23210693			2341 0196	2341 6825	23515583				2341 8541	2362 8079	2363 8140	2363 0166	2369 2676				
	校內	2568,3360,3361		3479	3182	2912	2567	2810	2569,2570	2565	2572	3755	2574	2580	23519641-9					23970800					2911	2577	2579	3689				
															237	238	236	614	615	8046	8046	8046	8046	8047								
	宅																															
	系所會區	27338714							23621726						23932936					23515583					23638049			3689				

系所輔導

文學院 系所	姓名
中文	蔣先鳳
日文	
外文	郭玉華
歷史	王福燕
哲學	
圖館	高小仙
人類	
藝術	林柏宏
語言	
戲劇	
音樂	

理學院 系所	姓名
物理	王潤身
數學	王學航
地質	
大氣	
地理	陳梅燕
化學	
物理	吳坤演
動物	
心理	蔣嘉純
植物	
海洋	林柏宏
生化	
漁科	

法學院 系所	姓名
法律二、四	周錫郎
法律碩士	
法律一、三	周之文
法律博士	
政治一、三	彭瑞姬
政治博士	
政治二、四	吳曉慧
政治碩士	
經濟	林一真
社會	孫普興
三研	吳元俊
新聞	

醫學院 系所	姓名
醫學一三五	胡鴻銘
生理	
臨床	
藥理	
病理	
生化	蘇妹滄
牙醫	
醫技	
微生物	
藥學	董公正
物治	
職治	
護理	雷慶餘
免疫	唐瑞和
分子	
解剖	
毒理	
口腔	
醫學二四六七	

工學院 系所	姓名
土木	林福佐
機械碩博士	李建豐
機械一、三	
機械二、四	
資訊	張義方
造船	
化工	詹源興
光電	吳元俊
電信	
應力	陳福成
城鄉	
環工	許大村
材料	
工工	

農學院 系所	姓名
農藝	劉建生
植病	
昆蟲	
農經	張茂榮
農工	
農機	
農推	曾祥炎
農化	
畜產	馬大明
獸醫	
園藝	陳國慶
森林	
食科	林怡忠

公衛學院 系所	姓名
公衛	雷慶餘
職工	
流行病	
醫管	
環衛	

管理學院 系所	姓名
會計	楊松麟
資管	賴明俊
工管	
國企	王潤身
財金	王寶貴
商學	林怡忠

電機學院 系所	姓名
電機博士	王力生
電機二、四	
電機碩士	駱華嘉
電機一、三	

夜間部 姓名
林柏宏

附註：
一、本表係依據軍訓教官任務，針對實際狀況調製而成，自八十七年九月一日起實施。
二、表列人員之職務代理人除另有規定外概依本表行之。
三、各系教官職掌，詳見軍訓工作手冊。

△民國八十七年二月：

軍訓室主任黃宏斌，以下有主任教官、教官、護理老師共五十人。（不含黃宏斌）

軍訓教官在各級學校除上課外，還有舍區管理、生活管理及各種業務。以下各詳表是例舉幾個年代的教官任務分配，分別是八十四年十二月、八十五年十一月、八十六年五月和十月、八十七年三月和十月，以供回顧、研究等之用。

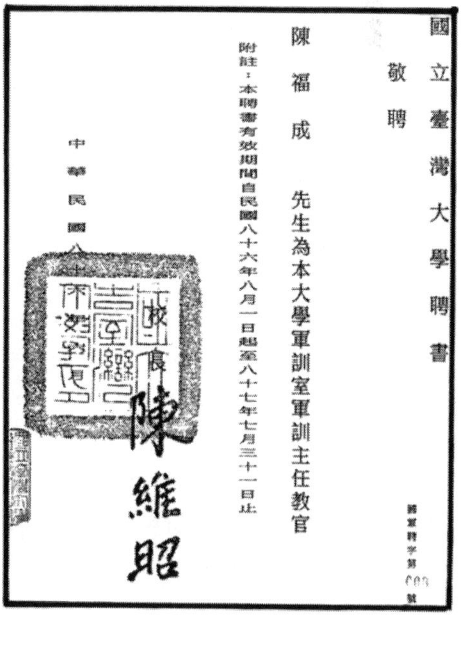
國立臺灣大學聘書

聘字第603號

敬聘

陳福成　先生為本大學軍訓室軍訓主任教官

附註：本聘書有效期間自民國八十六年八月一日起至八十七年七月三十一日止

校長 陳維昭

中華民國

直到我從台大退休（民88），仍有教官四十多人。曾幾何時？到本文寫作的二〇一二年春，也才退休十二年多，我打探台大教官目前尚有幾人「存活」？

答曰：「四人。」台大現在竟然只剩四個軍訓教官，上校童孝農、中校胡鴻銘、中校廖天威、少校李麗文。且「總教官」、「主任教官」全沒了，真是無法無天、胡整亂搞，就像台灣的政壇。

這是教官制度的「終結者」，學生軍訓的「墳場」，這要怪誰？台大軍訓會走到這一步，用了兩把刀，一者軍訓改選修，再者人事「遇缺不補」。軍訓改選修還有誰會來修？

㈠軍訓課程列為必修，其相關法規如下：（大專部分）

1. 依部頒「大學規程」第二十七條之規定：「大學各學系修業四年畢業者，其應修學分數，除體育、軍訓外，不得少於一二八學分。……體育、軍訓為大學各學系學生之必修科目。」

2. 「大學及獨立學院學生學籍規則」第二十五條之規定：「學生成績分為學業（包含實習）、操行、體育及軍訓四種。……」

㈡教育是廉價的國防，亦是無價的國防；高級中學以上學校的學生，接受文武合一的教育，充實軍事知能、振奮民族精神、激勵愛國情操、培養良好生活習慣、陶冶軍人氣質，使其成為優秀的國民，這是最精實的國防，也是世代子孫安全保障與發展的根基。今天的戰爭型態，是總體性、全民性的戰爭，一旦戰爭爆發，誰也不能置身事外，所以不分男、女生，軍訓皆須必修，以增進國民對全民國防之共識。

㈢若將軍訓改為選修，就我國國情而言，將發生下列困難：

1. 目前國防部每年所需補充預官人數僅約三千八百人（約民80年為基準），但全國大專畢業男生每年約五萬餘人，若軍訓改為選修，則僅少數人能選修，不啻剝奪了絕大多數學生知的權利，也違背了文武合一教育的意義。

2. 若選修軍訓人數過少，則預官錄取員額無法滿足國防需求。若選修軍訓人數過多，則國防部受員額限制，無法全數容納。均為當前現實的問題。所以就我國國情而言，軍訓選修是無法與預官制度相結合。

當然，人世間一切制度，包含任何政治制度、社會制度或家庭制度，絕無「永恆不變」之理，必然要隨時代需要而調整修訂。制度也有一致性、普遍性（全國性），不能有例外（除非立法准許某方面為例外）。就學生軍訓言，是全國一致性的制度，怎能說台大要改便改，台大要廢便廢（除非經合法程度完成之），形成這種亂局誰該負責？

在那當下，所有各級主事者都該負責，不是對那時的教官負責，而是對制度負責，你們破壞了國家制度！未善盡維護國家制度之重責大任！

第八章 最風光的台大總教官張德溥將軍

——早年台大教官追蹤

從民國四十年軍訓制度在台灣恢復，到民國八十三年四月十六日我到台大報到，此期間四十餘年，但在台大現有資料（圖書）中，有關這段時間的軍訓課程（含教官）的記載，竟僅有極少的蛛絲螞跡，頂多只在《台大公務通訊錄》留下一些退休教官姓名。

早年留下的舊檔案，如民國五十五年元月編印《台灣大學教職員錄》，記錄有生活管理組主任梁綱是主任教官兼，而總教官金藝倫將軍兼副訓導長。在民國六十四年十月編印的《台灣大學教職員錄》，記錄著總教官王承萃將軍兼副訓導長，主任教官蘇鳳皐生活管理組主任。（資料均如附印）

除此類簡要記錄，那四十年間台灣大學的軍訓教官活動竟如一片空白，船過水無痕般找不到。目前仍在台大退休人員聯誼會的「元老級老教官」，已高齡八十五歲的鍾鼎文，我多次向他打聽早年台大教官事跡（他民57到台大），年代久遠大多不清楚。二〇一〇年十月十三日，我參加「台大退聯會」的杉林溪二日遊，遇到一位據聞在農化系當過教官的茹道泰，他說民國六十幾年他在台大時，那時有四十八個教官。看來從早年到我離開台大（民88），台大教官始終維持五十上下。

為找尋往昔台大教官一些足跡，只差沒有「上窮碧落下黃泉」。幸好在一個偶然機會，讀到《傳記文學》第四七五、四七六兩期，即出刊於民國九十年十二月號第七十九卷第六及次年一期，這兩期分上下刊載「折戟沉涉：張德溥任台大軍訓總教官歲月的回憶節錄」一文，發現頗多台大教官的過往秘聞，本文略為轉述（相關照片亦該期轉印使用）。

壹、從步兵師長到台大總教官

前台灣大學軍訓室總教官張德溥將軍（以下均稱簡），民國五十三年間擔任飛彈部隊指揮，因受時任國防部長的蔣經國先生賞識，五十七年調任步兵三十三師師長，總司令高魁元要他好好整頓軍紀廢弛的三十三師。時師部在台北，張府距師部不遠，張十六

生活管理組

職別	姓名	別號	性別	年齡	貫籍	到校年月	就任現職年月	住址	電話	備註
主任	梁☆綱		男	四五	廣東	五二・九	五四・一	晉江街六二巷二七號		軍訓主任教官兼
訓導員兼考核股長	高尙志	士淸	男	五七	湖北	四三・二	四五・八	溫州街八八巷二號		
組員	祁開義	友仁	男	五〇	江蘇	三七・一〇	三七・一〇	溫州街八八巷二二號		
	秦冠文		女	三五	河南	四九・二	四九・二	新生南路三段五巷四號		
	皮高柱		男	三七	江西	五〇・二	五〇・二	羅斯福路二段七七巷一六號		
	馬子正	光恒	男	四九	山東	四四・三	五三・八	基隆路三段二二五號之三		
	虞和芳		女	二三	浙江	五四・八	五四・八	校總區女生第一宿舍一〇五室		
事務員	夏裔達		男	五一	湖北	五二・九	五二・九	校總區內		
訓導員兼舍務股長	郝文藻	超山	男	五四	山西	四三・二	四五・八	永吉路三〇巷八三衖四〇號樓上		
組員	李徵伍	尙民	男	四七	山東	四四・七	四八・八	永吉路三〇巷八三衖四號		

資料來源：台灣大學教職員錄。民國55年1月編印。

訓導處

資料來源：同前

職別	姓名	別號	性別	年齡	貫籍	到校年月	就任現職年月	住址	電話	備註
訓導長	劉發煊	瑞光	男	六三	湖北	四三・二	四八・八	溫州街二二巷一號	(住宅)三〇八四	理學院教授兼
副訓導長	金藝倫	☆	男	五二	廣東	五四・九	五四・九	仁愛路三段四三號		軍訓總教官兼
秘書	張樂陶	凌雲	男	六〇	江蘇	三八・八	四〇・八	溫州街五二巷一〇號		
訓導員	黃亦晨		男	五三	江蘇	四五・一	四九・一二	基隆路三段一五五巷一〇七衖三號		調秘書室工作
組員	黃天乙		男	四〇	江蘇	三六・一二	四三・八	羅斯福路三段七七巷一六號		
	王宗仁	念慈	男	四一	河北	四〇・一	四五・八	溫州街八八巷二三號		
雇員	雷榕秀	孟青	女	四五	福建	五二・九	五二・九	仁愛路三段正義東村二八八號		在體育館工作

訓導處

資料來源：台灣大學教職員錄，64.10.

職別	姓名	別號	性別	年齡	貫籍	到校年月	就任現職年月	住址	電話	備註
訓導長	俞寬賜		男	四五	湖南	五〇・七	五九・八	中山南路一九號	(辦公室)[illegible] (住宅)[illegible]	法學院教授兼
副訓導長	王承萃	☆	男	五四	南京	六一・八	六一・八	龍泉街八六巷一〇衖一之四號	(辦公室)[illegible] (住宅)[illegible]	軍訓總教官兼
秘書	聶文	中勳	男	五〇	四川	六三・二	六三・九	信義路三段一四三號之七	(辦公室)[illegible] (住宅)[illegible]	三民主義科講師兼
助理秘書	皮高柱		男	四六	江西	五〇・三	六三・八	永吉路三〇巷八三衖一八號之一		調課外指導組工作
訓導員	王宗仁	念慈	男	五〇	河北	四〇・一	六三・八	溫州街八八巷二三號	(住宅)[illegible]	在體育館工作

訓導處

生活管理組

資料來源：同前。

職別	姓名	別號	性別	年齡	貫籍	到校年月	就任現職年月	住址	電話	備註
主任	蘇鳳皋	☆	男	四五	熱河	六〇・八	六二・九	景美區三福街九巷五〇號三樓	(辦公室)[illegible]	軍訓主任教官兼
組員	馬子正	光恒	男	五五	山東	四四・三	五三・八	舟山路二二三之一號		
	孫國祥		女	三九	江蘇	五五・二	五五・二	臺北縣新店鎮復興路二九巷六之二號		
	夏裔達		男	六〇	湖北	五二・九	五七・八	和平東路一段二三〇巷八號		
	黃秀實		男	五四	湖北	四五・六	五八・八	基隆路三段一五五巷一〇七衖二五號		調僑生外籍學生輔導室工作
	吳遂甜		女	三二	廣東	六二・六	六二・六	羅斯福路六段二七九巷二三衖二九之二號		調僑生外籍學生輔導室工作

星期沒回家，整頓很快見效，三十三師改編為全台唯一的「摩托化步兵師」。當時全台所有步兵師都輪調金馬外島，擔任戰備，只有三十三師常駐台灣。

民國五十八、五十九年間，台大因受到自由學派影響，當局認為問題很大，已出任行政院副院長的蔣經國「因事擇人」，找到張德溥，要他來整頓台大。張提出要求說，情治單位到台大抓人，必須經他的同意，蔣也同意。

就在正式命令尚未發布時，美國大使館的國防武官 Erle 打電話給張德溥，在陽明山官邸請張午餐（他們不認識）。席間，那美國武官對張勸說：

「張將軍，您在軍中是一個很傑出的人才，並且很開明，一心為國家前途。但是你現在所處的環境，你應該了解政戰部及情報單位對你的看法。或許有些事情你還不明白，可是我們很清楚。」

Erle 所講是張德溥的考核上有「忠貞可疑」的記錄，其實張曾有兩次機會看見自己的考核，心裡很清楚，只是很意外美國人情報也厲害，用心至深。Erle 又說：

「你不覺得軍隊一片黑暗嗎？我奉命來和你談這件事。希望你利用台大總教官這機會，稱病引退，我們負責半年內將你全家移民美國。」

為保釣事件而走上街頭抗議的台大學生，右一側立者為張德溥。
（鄭鴻生提供）

張德溥將軍擔任軍訓總教官時的身影

圖中立者即為張德溥，攝於出席「言論自由在台大」座談會時，當時他是最後一個發言的人。
（聯經出版提供）

戚義貞先生（左一）與前飛彈群指揮官張德溥（右一）、前砲校教育處長李玉森（中）在美國砲兵飛彈學校高級班外MT SCOTT前留影（45年）《國軍砲兵口述歷史》，國防部史政室，民國94年12月。

透過妥善的安排和控制，保衛釣魚台遊行果然在平和中落幕。而這一幕幕歷史場景，更被收錄進了台大的畢業紀念本中，足見當年學生時代使命感之強烈。

受張德溥保護而免於被警總約談的台大學生洪三雄，以及日後成為他妻子的法學院同學陳玲玉，兩人攝於台大門口。（鄭鴻生提供）

張斂容正告說：「我承認你說的對，軍隊裡有很多黑暗；感謝你們看得起我，但不管怎麼黑暗，那畢竟是我祖國的軍隊，若我為自己，的確可以移民。不過作為一個軍人，我覺得不能夠只為自己，我雖不能改變全局，也會盡找棉薄之力，只有盡了力量才會覺安心。我只要自己問心無愧，就覺得對得起軍隊和國家。」

張德溥這番話可以說完全合乎中國傳統文化思維的「忠孝節義」，幾可蓋棺論定他對國家民族的忠貞是「絕對的」；也可推翻他的考核表裡「忠貞可疑」的記錄，使人生的春秋定位達到一種「典範」。可惜他後來還是移民當了美國人，故我說「幾可」：

台大畢業紀念冊上的馬英九，他在張德溥剛到台大時任代聯會秘書長。

美國政府勸誘張德溥赴美，動機和更早的接觸孫立人，二者相同，就是要動搖蔣介石的基礎。以一個張德溥的少將地位當然不足以動搖蔣政權，但可使難堪，亦可從中獲利，真是居心不良。不論何時？美國都在設法要永久裂解中國！

貳、初接台大總教官：改善軍訓教官地位

張德溥於民國六十年元月，調任台灣大學軍訓總教官、兼副訓導長，當時校長是錢思亮，報到時就對張說：「你是軍中有名的將領，你來台大是我們的榮幸。」接著又說：「不過我要奉勸你兩句話，學校不是軍營，學生不是士兵。」

按張總在文中所述，當時學校的軍訓教官有五十多人，大多是上校和中校。可是總教官和各教官的辦公室，侷促在大樓群中的一座簡陋平房裡。（按：判斷可能是現在的第一會議室）既不起眼又顯得很寒酸，而黨團派來的秘書等人卻在大樓裡辦公。學校的教職員工路遇軍訓教官，形同陌路，視而不見，從來也不打招呼，進行交流。

而一般學生與教官在情緒上處於對立狀態，對軍訓教官避之唯恐不及。如此這般，軍訓教育如何推展！張總感覺到改善教官與學校人員的關係，提高軍訓教官地位，是第一步要做的工作。在當時的政治環境下，張總給自己先設訂三個工作原則，㈠一切都要協調溝通，放下軍中那套權威；㈡對學生要疏導泄意，不能用制壓；㈢決不能先入為主就說誰有問題。接著在第一次軍訓匯報發佈兩項規定，是「自律與自尊」原則，張總說

明為提高軍訓人員的地位。

㈠除上軍訓課和在宿舍的軍訓教官可以穿軍服以外，其餘時間一律不允許。會中教官有意見，張總解釋學生心裡對教官已有不滿並且輕視，若再穿上老虎皮耀武揚威，更不好。不如收斂行跡，從觀感上開始改變。

㈡規定宿舍的值日教官，若在處理問題上和學生發生爭執，在問清情由前，先處分教官。因為學生都是十八到二十二歲的青年，好比一張白紙；而教官都是三四十以上飽經人生歷練的人，不可以和他們有爭執。若有，先處分教官。

台大教官對張總這兩項規定很不滿，覺得有損尊嚴。紛紛向上告狀，但蔣先生（蔣經國）支持張總，告狀都沒有結果。漸漸的校園裡看不到穿軍裝的人，教官和學生也無爭執了，軍人地位慢慢在提升。

再進一步，張總要從發揮教官的管理潛能，來提升教官地位。張總似乎看中學校行政管理的要害，「有人說、沒人管」，行政人員一般都有拖沓作風，教官能幫助管理定能得到肯定。於是，張總用三周時間對學校的宿舍、校園、公共場所、學生廚房、廁所、全檢查一番。（按：這些是野戰部隊各級主官一上任幹的事）發現很多問題，難怪學生不滿。

張總帶著問題見錢思亮校長，錢校長先是存疑，張總帶著校長一一查看問題。校長才覺得問題嚴重，乃召開一個行政管理會議，各級主管全都參加，當眾宣佈張總以副訓導長身份主持各項問題的改善工作，各單位都要配合。張總於是讓教官動起來，學校環境、問題等改善了，也讓文人見識到軍人有組織有計畫的管理智慧。張總又拜會文、理、法、醫、工、商六院院長，溝通觀念和交流。各方都滿意了，不久教官的辦公室從小平房遷入行政大樓。

參、代理台大訓導長：從錢思亮到閻振興期間

民國六十一年二月底，台大法學院院長林霖突然病故。三月底錢校長指派當時的訓導長韓忠謨去接任，並要張總暫代訓導長兩個星期，以便從教授中遴選訓導長。兩周後錢思亮對張說再幫兩周，又隔兩周，四星期過了。錢校長對張說：「張先生到台大的所作所為，大家都有目共睹。你代理了四個星期的訓導長，對學生訓導業務的處理很適當。所以我經過六院院長的同意，請你擔任訓導長。」

張總當然先客氣一番，但錢思亮確實賞識張總，當然張就當了台大訓導長。以總教

官身份正式兼任訓導長，在台大歷史上是唯一，沒有第二例。

同年五月，錢思亮突然調任中央研究院院長，新接任的校長是閻振興。當閻於六月來接任時，錢思亮當著張總的面對閻說：「張先生是一個軍人，可是我們請他當代理訓導長，表現卓越，所以我希望你繼續請他當代理訓導長。」閻振興滿口答應。

但才第二天，閻振興就指派政治系教授俞寬賜來當訓導長。張總淡然當他的總教官。誰知道俞寬賜上任不到一個月就做不下去了，因為此時學生社團很活躍，政治性活動也多，俞沒有能力和學生溝通，事情便無法處理，還愛擺架子，學生自然很反感。

閻振興沒辦法，又來請張總回去當訓導長，張當然不會馬上答應（按：我也是）。閻不得已請六院院長勸張總說：「學校裡需要你，學生只有你才可以和他們協調，別人做不下去啊！」張總當然順勢再當訓導長。

按張總所言，閻振興是一個學閥（按：說閻是學閥，我也聽老一輩台大人說過。）只在乎自己的官位，對上唯唯諾諾，善於奉迎，很會做表面工作。讓這樣的人來當台大校長，張總認為是蔣經國被不智的左右人物左右了。

肆、處理台大學生保釣運動：以疏導代替圍堵

民國六十一年春天，台灣爆發保釣運動，台大學生尤其是一群「領頭角」，這時張德溥以總教官身份也擔任訓導長，直接（第一線管理）接觸學生所有活動。台大學生要演講、要辯論，還要遊行，但中央黨部（國民黨）和警備警部堅決反對；張總極力解釋，不能制壓學生活動，仍未得同意，最後他們去請示蔣經國，蔣同意了。

六十一年四月十二日，在張總和學生溝通後，鼓勵學生成立「台大保釣運動委員會」，以規範所有遊行活動，在秩序、無反動標語的情況下，完成遊行。張總還派了十部遊覽車在終點等候，車上備有飲料，把遊行隊伍直接接回學校，順利完成了遊行，各方都滿意。

遊行成功還有一個原因，張總叫哲學系研究生王曉波組織一批學生，隨時跟著張總。因為學生會激動，有人喊了反政府口號，其他人會跟著喊，會導至失控，所以叫這批學生注意口號。有人喊錯馬上喊回來。

此期間另有一事，也見蔣經國對張總在台大作為的支持。保釣運動也引起一些學潮，學生言論非常激烈。當時情治單位把兩位師生列入黑名單，一是哲學系研究生王曉波，

一是哲學系教授陳鼓應。（按：陳鼓應已於二〇一一底到「台大退聯會」報到，詳見筆者另著《最美的是彩霞：台大退聯會》一書，文史哲出版。）他們被認為是反政府份子，但按張總所述，他們的言語只是比較激動，對政府還是善意的，並非什麼反政府份子。

張總考慮再三，決定向蔣先生建議直接召見他們二人，以示開明溝通。蔣先生竟也「照辦」召見他們二人，可見蔣對張是信任、支持的。

張總這篇文章也提到當年和哲學系事件相關的馮滬祥，認為他當年也是「反共志士」，如今是江澤民的座上客。比較之下，馮是「識時務為俊傑」的政客。

我以為張總此言差也！今天國民黨很多大老（含其他黨派），當年那一個不是「反共志士」？但現在幾全是北京的座上客。（按：筆者也是四十多年的國民黨老黨員，更也曾是「反共志士」，但近幾年來去大陸，也是座上客，只是不是江澤民或胡錦濤的座上客，無多少差別！我敢肯定的說，再不久連那些曾經高喊台獨的人，也會是北京的座上客。二〇一二年獨派大選失利後，就已有些人等不及的「登陸」了！去當大陸某要員的座上客。）

是故，張總那樣就蓋棺論定了馮滬祥，太草率，不夠宏觀，只合乎「小歷史」思維，不合「大歷史」思維。馮的作為也是為兩岸交流，為中華民族、為國家統一，應該高度肯定才是。更何況，馮至今尚未如張之移民美國！馮至今仍是中國人，張已是美國人了！

張總任台大總教官之際，成功的處理很多學生的「政治」問題，包含阻止警總約談學生領袖洪三雄、學生代聯會的改選等事。張總在台大時，現在的馬英九總統是代聯會秘書長。

張總以總教官身份兼任訓導長，是台大歷來所有總教官未有之「名器」。故說他是最風光的總教官，但台大所有文獻沒有交待這一段，很可惜！很可疑！

本文對於張德溥在臺大所有行誼，因年代久遠，難以查證，他自說的風光事業，至少以九成「真數」信之，對於早期在臺大校園建立軍訓教官新形像，也還是很大的貢獻。

張總於民國六十年元月調任台大總教官，到六十一年十月回任軍職（蔣經國的安排），準備升中將，並待命接軍長。他在台大任職一年九個月（按：《傳記文學》那篇文章，在年代交待上有些亂，不知是出版者校正的錯或原作有誤，詳見該文。）

很可惜，他的中將並沒有發佈，只能說那時政戰、情治和黨的權威，大大高過蔣經國；否則，為何蔣已親自指示張總升中將、軍長，仍會流產？

張總的中將流產，不久後他外調到經濟部物價督導會報副執行秘書，到民國六十五年從公職引退。七十七年移民美國，當了美國人。

第九章　何處惹塵埃？風雲再起！

軍訓教官很感傷的一點是每隔些時日，就被拿出來抄操一番，說要退出校園，一些學生也不明緣由跟著起舞，吵鬧一陣後，又突然無聲無息了。

往昔，操弄教官退出校園的「專利」，通常是一些獨派人士，印象中國民黨人沒有要教官退出校園。但就在中華民國建國百年之際，國民黨籍立委蔣孝嚴竟有「百年獻禮」，提出提案修改「全民國防教育法」，目的在使軍訓教官全面退出校園。

按蔣立委表示，台灣社會已經轉型，教官不再執行政治任務，加上將要實施募兵制，國軍兵力裁減，近四千名學校教官應該要退出校園。蔣認為，學校有教官是威權時代的產物，如今兩岸局勢趨緩，本來就馬虎了事的軍訓課不再有必要上，「政治思想教育」更是不合民主時代的潮流。

我並非堅定認為現有學生軍訓不能改變、不能調整、不能退出。我堅定的認為，這是國家重要制度的一部份，百年教育大計的一環，要經過評估研究，執政團隊和民間社會有共識，形成政策和法律，再進行一切必要的改變，都是合法合理也服人的做法。

對蔣先生的提案說明本身就有質疑，教官是在「執行政治任務」嗎？軍訓課都是馬虎了事嗎？（以一個或少數個案就建立了普遍性法則）。何謂「政治思想教育？」內涵為何？今天的軍訓（已改國防通識）主要內涵是培養學生愛國觀念、民族精神、健全人格和強健身體、國防知識等，這些是「政治思想教育」嗎？我以為，蔣孝嚴對目前學生軍訓的認知很浮面、很落伍。我從社會環境和國家發展兩層面論述問題，任何制度都涵蓋不同層次的思考。

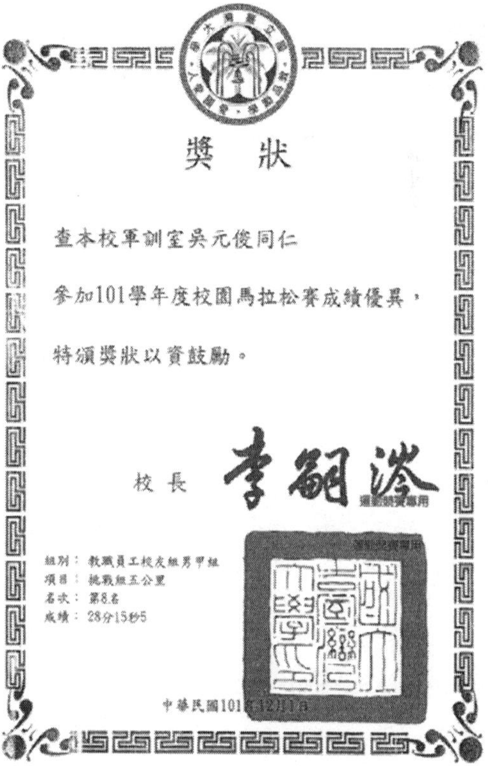
獎狀

查本校軍訓室吳元俊同仁

參加101學年度校園馬拉松賽成績優異，

特頒獎狀以資鼓勵。

校長　李嗣涔

組別：教職員工校友組男甲組
項目：挑戰組五公里
名次：第8名
成績：28分15秒5

中華民國101年12月1日

首先從當前社會環境看，教官在校園的功能那些可以由別的行業取代，也就是教官

教官功能 不容否定

2011.3.17. 人間福報

立委提案修正「全民國防教育法」，檢討教官是否有必要留在校園，輿論仁智互見。

但從法理來看，依國防法第三條規定，「我國之國防，爲全民國防，亦即爲了使全民國防能向下紮根，軍訓教官在校園推動全民國防之工作；教官除擔任全民國防課程教學，並執行校園災害管理與安全維護及協助學生生活輔導工作，並且落實『學生所到之處即是校園』之觀念」。

筆者任教學校的教官，提供學生緊急與即時服務，得到學校及家長的肯定與支持，目前校園問題叢生，有些事件非學校訓導、輔導人員能處理，教官此時就能發揮作用，功能不容否定。

教官工作重點還是在維護校園安全、協助學生解決住宿問題、照顧弱勢學生，如果社會大眾質疑教官的輔導和服務功能，教育單位也應持續辦理教育及輔導知能研習，以利教官協助學生生活輔導。

況且，軍訓教官員額自九十三學年度採「退多補少」，實施迄今員額共減少七百九十一員，幅度約百分之十七點八，若仍維持現行政策，即便國軍兵力裁減，也不會影響軍事任務。

林立生（新北市／講師）

退出校園 讓教官適才適所

2011.3.15. 人間福報

立委蔣孝嚴提案修改「全民國防教育法」，表示台灣已轉型，教官不再執行政治任務，加上將實施募兵制，國軍兵力裁減，近四千名教官是否有必要留在校園，從事非軍事任務，值得檢討。

從前學校有教官，高中男生制服像軍服，戴大盤帽，曾有外國人以爲台灣有「民兵」。學校有教官是「非常時期」的「非常作法」，是威權時代產物，如今兩岸局勢趨緩，不但本來就馬虎了事的軍訓課不再有必要，「政治思想教育」更是不符民主時代的潮流。

有人擔心教官歸建部隊後，校園安全堪虞，但國中小學沒有教官，有校園安全堪虞的問題嗎？蔣孝嚴說，教官所受軍事訓練並非負責校園安全，更不是當學生的生活輔導師，「這些工作應委由保全及專業的心理或社工師擔任」。

說得沒錯，高中職的教官早已淪爲上下學時指揮交通的「交警」，巡視校園的保全人員，現行軍訓課也已變調，教官帶學生去打漆彈，名爲學習「實戰經驗」，其實根本是玩遊戲，據說，還有教官帶學生去攀岩、看電影，甚至教塔羅牌。

教育部軍訓處表示，吳清基部長主張「學生所到之處就是校園，全國教官要二十四小時爲學生服務」，過去也有人向學校反映，有些校安工作還是由教官做最好，如學生在校外發生車禍、打架等意外，或住宿舍與房東發生糾紛，只有教官能二十四小時待命處理。

這種想法似是而非，這樣一來，除了軍訓課，教官工作等於與駐警隊、生活輔導組重疊。

校安應由保全員接手，輔導則由專業的心輔人員接手，他們也都能二十四小時待命，這才合理，否則教官的官階從少將到上尉都有，專長是軍事作戰，要他們指揮交通、巡邏校外宿舍，豈非大材小用、沒適才適所？

張孝維（台北市／研究生）

台大已把教官從50終結到剩4個. 說NO何用?

中華民國100年5月30日／星期一 話題 A8 中國時報

http://news.chinatimes.com

教官退出校園？連台大都說NO

8所受訪高中職及大學認為 教官已轉型為生活輔導 24小時輪值處理學生事務 成安定校園的力量

不該去做，由其他取代者去做。按目前各級學校教官的工作，有宿舍區管理、生活輔導、國防通識課程和安全工作四大領域。顯然除國防通識課程不可被取代外，其他都該「讓手」了，軍人去管學生宿舍、交通指揮、糾紛、車禍，實在大大的浪費國家人才和社會資源。所以，保全業、校安、心理或社工師可以取代的，教官都該讓出，不搶人家「飯碗」。教官所能做的，就是他身為軍人的專業，國防通識課程。

剩下來不可取代的，也是學生軍訓最核心的思想，激勵學生愛國情操、振奮民族精神；提供學生軍事知識，強化全民國防觀念；以教官武德形像做為校園「模特兒」去影響學生，吸引學生對軍人這個行業產生尊嚴和興趣。（美國 ROTC 制度和台南一中的軍訓課，在這方面做的很好，很能吸引學生。）我以為，學生軍訓最該下工夫、最該好好深化的，是這部份工作，而不是每天叫軍訓教官站在校門「接客」、指揮交通，或處理車禍、救災、管宿舍等，這些才是要「退出」的！再不退出，就是侮辱軍人聖職！

再高一個層次，從國家發展看學生軍訓制度的存廢。大凡一個正常的國家，指國家發展的程度已能在穩定中發展，通常就有現代國家的國防思維。（按：非洲部落國、中東酋長國、或誕生不久、極小的迷你國、中立國等均不與比論。）有其國防政策，中華民國的國防政策何在？「國防」並非只有「三軍」，國防還包含政、軍、經、心各領域。

若「國防」等於「三軍」，那麼學生軍訓可廢，早該廢！

前教育部軍訓處長謝元熙，在他所著《文武合一教育之功能》（學生書店、民82年12月）一書，對此一問題有很專業的論述：

> 一個國家要維護國民的生存與安全，進而求發展、求繁榮，以臻於民富國強，都會有她的生存發展之道，正如蔣百里先生所說：「立國於世界，必有所以自存之道」；這個「道」用現代名詞來說，就是國家戰略。甚麼是國家戰略？國家戰略乃建立政治、經濟、心理、軍事諸力，以創造與運用有利狀況，以達成國家目標的一種策略。

100.5.30 街訪 中國時報

教官該不該退出校園？

新北市樹人家商幼保科學生 孔慧敏：

高中生還處於叛逆期，如果沒教官管一定會亂來。因為出身軍人世家，不覺得教官一定會把軍人那套搬進校園。跟真的軍人相比，教官反而人性化許多。雖然管理上常被學生嫌棄，但教官只是盡本分而已。

長庚大學醫學系學生 張復舜：

教官之所以進入校園，是國民黨黨國時期遺留下來的產物。雖然目前校園教官已轉型成學生生活輔導員角色，但並不是每個教官都具輔導專業，有時就會出現過度箝制學生思想的現象。建議教官應該退出校園，改由其他專業人力取代。

國立台北教育大學文創所學生 許家瑋：

贊成大學內繼續有教官。大學教官可以幫學生處理一些事務，像是宿舍管理以及突發緊急狀況。雖然大學教官感覺上是可以被其他人員替代，但對有需要幫忙的學生來說，教官軍人的身分反而讓人感覺比較有保障。

中央大學資管所學生 葉鎧： 中國時報 100.5.30

求學階段經常受到教官的許多幫助，例如高中時因為身體不好，教官都會特別照顧。大學時因為想考預官，教官也提供不少資訊。但如果遇到軍事化管理的教官，難免會讓學生討厭，不希望這類的教官出現在校園裡。（圖文：游婉琪）

林志成、葉芷妘、朱芳瑤／台北報導

教官該不該退出校園？日前因南港高工教官干預學生活動，再度引起熱烈討論。本報採訪國內八所高中職及大學，他們一致認為「教官是校園安定的力量」，學校沒有教官會很麻煩；即使校風民主、開放的台大，也不要教官完全退出校園。

致力於推動教官退出校園的人本教育基金會執行長馮喬蘭表示，因為教官聽話、好用，所以學校都不想要教官退出校園。但她要提醒，「教官是威權的象徵」，台灣的教育要走向開放、民主，教官就要退出校園。

北市南港高工有學生在網路上發起「港工憤青反六輕」活動，不料竟遭教官以「鼓動學潮」恐嚇嚴辦。民進黨立委田秋堇及人本教育基金會決定推動修改《教育基本法》，讓教官完全退出校園。

教育部軍訓處長王福林說，在軍中服役八年以上，可參加考試轉任為學校教官。目前剩三千七百位，其中兩千七百位在高中職、一千位在大專院校。高中職一定要有教官，大學可以自己選擇要不要有，但目前幾乎所有高中職及大專院校都還有教官。

台北市開南商工校長林本博說，「教官是校園安定的力量」，有好幾次，學生在外面受傷了，教官一直在醫院急診室陪伴，並協助處理，到天亮才離開，這不是一般老師可以辦到。台北市惇敘商工校長李繼來說，一旦教官退出校園，校園秩序會變得更亂。

「教官一定要繼續存在校園裡面。」彰化員林高中校長呂培川表示，現在教官沒有能力管控學生思想，已轉型輔導學生生活，他們在夜間及假日要輪流值勤，學生任何時間、任何地點出事，都可以很快得到教官協助。

大學可不設教官，但實際上連台大都不希望教官退出校園。台大主祕張培仁說，當教職員下班後，校園安全是靠教官和駐警在維護，學生在校內、外發生緊急事故，通報系統由教官處理，「只有軍人可以忍受二十四小時不休息，下班也是輪值。」台師大和政大也都認為，教官有必要存在於校園。

私立清雲科大校長李大偉表示，教育部讓大學可以選擇聘任教官或學務人員，一個教官出缺可改聘兩、三個學務人員，但學校寧願聘教官。大同大學指出，教官沒必要退出校園。

小檔案

民國40年開軍訓課 軍人進校園

民國三十八年國民政府播遷來台，當時總統蔣中正推動「文武合一」教育，從四十年開始，台灣的高中、大學有了軍訓課程，具有軍人身分的教官進入校園。在那個年代，教官專門監控學生，避免發生學潮。

九十五年時，教育部長杜正勝推動大學教官「遇缺不補」政策，期望一○九年教官完全退出大學校園。但最近十多年來教官轉型非常成功，深受學校倚重，不管高中或大學都不要教官退出校園。

前教育部長鄭瑞城任內微調教官政策，讓學校可以視情況增補教官，一直到現在。（林志成）

關懷取代威權

▲在建中服務的陳立偉教官，除了維護校園安全、學生輔導、教授軍訓課程，常主動關心學生，學生更常邀請他加入討論社團事務，在學生眼中他不只是一位「教官」，更像是一位好「朋友」。（王遠茂攝）

謝處長這段話明示了國家發展過程中，不能沒有國家戰略的思維，「政、軍、經、心」的建設和發展，相互關連亦相輔相成，實際上是一體的，不能分割存在或發展。其中的心理力更是教育文化發展之首要，為百年樹人之大計。國民之精神、士氣、愛國心、道德感、民族情懷，都是決定心理力的因素，而這些也正是學生軍訓教育的核心內涵。

假如今天我們廢了學生軍訓教育制度，那表示吾國之國家戰略（政軍經心建設）將會弱化，乃至完全沒有（國家失去自存之道，是否表示將要亡國亡種？）。到那時，子民將何以自存？成「新亞洲病夫」！到那時，現在這些喊「教官滾出校園」的人又如何自存！你掛了，你的兒孫還在；他們承受惡果，因他們父祖種了惡因。

學生車禍、遇挫折 最先想到他　100.5.30. 中國時報

「教官，怎麼辦」 隨CALL隨到救火隊

朱芳瑤／台北報導

「教官，我們一群人夜遊出車禍，怎麼辦？」「教官，惡房東要把我們趕出去，怎麼辦？」「教官，有同學想不開要尋短，怎麼辦？」隨著時代變遷，學校教官的角色已不僅止於傳遞軍訓教育，更多時候，他們忙著處理學生大小狀況與緊急事故，猶如校園的「救火隊」、「萬事通」、「急診室」。

部分團體要求軍人退出校園的聲浪未歇，讓那些在工作崗位上兢兢業業的教官坦言「很無奈」。軍服如同教官的原罪，有廿一年資歷的世新大學教官丁惠群說，「那象徵著規矩與『威嚴』，卻很容易被解釋成『威權』。」有教官直言，能不穿軍服時便不穿，他默默付出，對學生的關心並不會少。

去年獲頒師鐸獎的台中二中主任教官林世苙表示，一般人對教官的印象就是「管管學生」，事實上，軍訓工作為全方位，教官則像全天候的「戰鬥員」，「只要有狀況，第一個通知的就是教官！」

淡江大學教官王國安說，「軍訓教官已逐漸轉型為『服務學生』！」他一周上八小時軍訓課，其餘時間均投入學生生活輔導業務，尤其不少大學生離鄉背井念書，在外生活難免會遇到困難，廿四小時都有值班教官接聽學生CALL-IN。

文化大學教官陳泰興表示，相較於導師、輔導老師，教官與學生的關係更像是朋友、麻吉，例如，學校有意協助一名精神狀況不穩定的同學，但家長不願孩子有諮商記錄，將輔導資源拒於門外，他居中協調，終於讓家長明白學校的善意。

陳泰興也說，不少同學在校外發生交通意外，即便是小事故，警察也已到場，仍堅持「教官你來看一下嘛！」讓他感覺，自己扮演「安心的力量」。

未來還有一個情境，學生軍訓教育亦可廢。那便是台灣慢慢的傾向接受「一國兩制」，完成中國的和平統一，若這是合理的推論，台灣未來連軍隊亦可廢，國防部也可關門大吉。連軍隊都不須要了，軍訓教官也就沒有存在的必要。

但按近二十多年來台灣政情發展，證明我說的「推論」是一種真實的發生。我們只要看近二十年來，三軍現役軍人的總數，不論獨派阿扁當家或統派馬哥執政，都在大幅裁軍，尤以阿扁八年裁最多，到馬哥第二任結束，三軍大約不到二十萬（約民80年的一半）。換言之，不論統獨那一陣營，都意識到台灣越來越不須要軍隊了，因為要和平統一，不要打仗了，也就不要軍隊了！教官也就更別提。當然，教官制度廢除，教官退出校園成了必然。

全民國防教育傑出貢獻獎

台南一中軍訓團隊推展全民國防教育有成，榮獲全民國防教育傑出貢獻獎。　圖／鄭惠仁

人間福報 2011.10.18

南一中軍訓課 融入文史列必選

【本報台南訊】台南一中寓教於樂推展全民國防教育，將歷史與文化融入軍訓課程，學生變得喜歡上軍訓課，並首創高二把軍訓課程排入必選修學分，榮獲全民國防教育傑出貢獻獎。

不同的軍訓課程讓學生對投身軍旅很有興趣，每年報考人數變多，近三年來，每年就讀軍校的學生超過三十人，甚至有人為了念軍校而重考。

多數升學名校在選修課程規畫上，都是以和學科相關的課程為主，南一中針對高二規畫一學分的必選修軍訓課。校長黃運生表示，該校軍訓課程對學生輔導、通識教育的擴展很有幫助，經課程發展委員會、老師及家長同意而開設。

高二的軍訓課程講經濟、軍事武器、戰爭史與世界和平相關議題，並配合課程帶領學生到與戰爭相關的古蹟，由教官輪流介紹，讓學生知道更多歷史與文化。今年暑假更舉辦自強活動，邀請家長參加，親子一起了解戰爭與歷史。「不知教官的歷史素養這麼深！」教官陶默耘說，有學生在作業上詩讚他們，事實上，也因為這項課程，讓他們勤讀歷史，達到教學相長的作用。

南一中軍訓團隊也透過學校社團「春暉社」宣導反毒、反菸、反霸凌，並到瑞復益智中心等單位服務。主任教官劉志毅表示，除了軍訓課程多元化，打靶時也邀鄰近國中小校長、老師參與，深入校園做國防教育宣導，以及帶學生參訪空軍四四三聯隊、海軍敦睦艦隊、海軍陸戰隊等，激發學生對國防事務的熱情。

■原任軍訓室主任的楊國隆（小圖）昨轉任中部辦公室軍訓室科長，多名教官昨包車南下觀禮。
黃世宏、林海全攝

軍訓主任榮調 20教官包車觀禮

【楊惠琪、林海全、郭美瑜／連線報導】北市教育局軍訓室主任楊國隆昨轉任教育部中部辦公室軍訓室科長，約佔北市高中主任教官三分之一、二十名主任教官和六名軍訓室人員，昨包車南下，參加布達典禮。民眾向《蘋果》爆料，指事前軍訓室還通知高中主任教官都要出席觀禮。雖參與教官昨強調是自發前往，但教育部次長林聰明昨說：「人數多了點，此風要減少。」

投訴民眾指，楊國隆昨南下台中就職，軍訓室督導陳思沂通知北市所有高中主任教官都要參加布達典禮，於昨清晨六時三十分包車南下。昨《蘋果》直擊，二十名高中主任教官和教育局軍訓室人員，帶著要送給楊國隆的匾額一起搭車。

教育部「此風要減」

陳思沂強調並未電話通知、也沒有強迫，且是自假、自費前往。楊國隆昨說，事先不知情，同仁出於一片好意，對於外界質疑會虛心受教。

一同南下的大直高中主任教官李秉吾、景美女中主任教官馮永志均說，經同仁轉告才知有此送行活動，自發請假參加。不願具名的高中主任說，教育界「送往迎來」情況常見，只是較少「長程送行」。

林聰明說，有這麼多人歡送，代表楊國隆為人不錯，但人數多了點，此風要減少。國立台北教育大學前副校長、資訊教育系教授王富祥說：「大陣仗歡送，恐讓學生覺得品德操守比不上人脈經營，是最差的負面教材。」

謝謝爆料 讓《蘋果》無所不在
勁爆威力
蘋果24小時爆料專線：0809-012555

附錄一：歷年有關學生軍訓制度與教官的提問釋疑

壹、教育與政治是兩碼子事——訪謝元熙談軍訓教官退出校園

「軍訓教官退出校園」的呼聲最近在國內各大學裡正漸趨昂揚，教育部軍訓處處長謝元熙中將，首度接受採訪，表明站在維護國家社會安定與校園安寧的立場，軍訓教官不可輕言退出校園，以下是訪談紀要：

問：軍訓教官有被批評為國民黨「特務」的說法，請問教官在校園裏的角色與功能到底為何？

答：這是不正確的批評，至少我到軍訓處兩年多以來，從未被交付過什麼「特殊任務」，我們的工作就是軍訓教學與學生生活輔導。今天的軍訓教官，除了上軍訓課外，每天在校值勤二十四小時，不時巡邏校園，防止歹徒暴力騷擾學生，

維護校園安寧；並幫助學生明辨是非善惡，對協助學校達成教育的目標，其重要性是早已受到學校的肯定。

問：軍訓教官遭致誤解的原因何在？

答：十年以前，教官可能以軍事權威方式來管理學生，對待學生，造成大眾不好印象。但這幾年來，我們不斷的改進教官的工作態度與技術，強調輔導原則與服務觀念，從我們學校教官幫助學生解決問題的許多個案顯示，絕大多數的教官都是在默默的照顧同學，解決問題，只是沒有公諸於眾，大家不知道而已。如果以十年前的教官形象來論斷於今，是不公平的。

問：目前全國學校有多少教官？如何甄選，素質如何？

答：目前全國高中以上學校軍訓教官共有三千餘人，平均年齡三十六歲，百分之六十五有學士學位，並有數十人擁有碩士學位。經過考試甄選及格後，接受一連串訓練，包括到政治作戰學校修習學校軍訓課程及輔導諮商理論、技術，也接受軍官團教育、救國團張老師講習及師範大學辦理的輔導知能研習，可以說，現在的軍訓教官均具備了相當的專業知識。

問：有人主張「教官退回軍訓」，教官輔導學生生活的工作由教師取代，以避免遭致排斥，是否可行？

答：我認為軍訓教官輔導學生的工作很難為他人取代，目前學校教師工作忙碌，除教學之外，還要研究著述，難有多餘時間照顧學生，以目前軍訓教官一天值勤二十四小時，從小到學生沒錢吃飯、宿舍沒熱水到發生山難等意外事故均一手包辦看來，教師無法應付這些工作。目前軍訓處只有經常接獲學校反映，希望多派些教官到校協助解決問題，還沒有任何學校反映過不需要教官。

問：教官管理學生層面如此之廣，是否有職權過度伸張之嫌？

答：軍訓教官根本沒有「權」，他只是附屬訓導處的一個單位成員，很多人討厭教官，認為教官總是在處分學生，其實，教官根本無權處分學生，我常要求教官處罰學生要有三步驟，發現學生行為違反校規時，第一次先予勸導改過；第二次勸導不聽通知家長；第三次再犯則報請校方裁決懲處。教官的職責是協助學校，輔導學生，根本沒有權力。

問：目前政治環境趨向開放，軍訓教官可不可能退出校園？

答：軍訓教官在學校裏執行的是教育任務，而教育和政治是兩回事。我認為，從歷史和現實著眼，教官均不可退出校園。過去政府抗戰勝利時期，一度暫停軍訓，結果造成社會動盪不安，終使大陸淪陷，民國四十年政府決定恢復學生軍訓。三十多年來，教官照顧學生，使學生專心求學，維持校園安定，促進社會進步，實在功不可滅。再者，學校需要一個安靜的研究環境及祥和的學習氣氛，才能順利培育人才，否則，像韓國不斷的鬧學潮，學生走上街頭遊行示威，不能安心學習，迫使學校經常關門停課，相信這不是辦教育所樂見的現象。基於對國家民族的憂患意識及學校的現實需要兩者而言，軍訓均不可離開校園。

問：請問未來軍訓工作的重點？

答：未來軍訓工作將致力提高教官素質，改進輔導方法，改進教學內容及使教官工作受社會大眾肯定。我們希望不只做到我們自認教官有存在的重要性，而更要讓學生及學生家長肯定：「只要有教官在，就有安全感。」

（76.3.24.自立晚報記者楊淑慧訪問紀要）

貳、實踐文武合一教育　教官不宜退出校園

由於目前校園改革議題中，軍訓教育的調整，以及軍訓教官角色的重新定位，一直備受矚目，民意調查結果亦顯示七成的教師認為宜取消或單純化軍訓教官之權責，針對

此，記者訪問教育部軍訓處謝元熙處長，談取消軍訓教官或權責單純化的可能性。

問：目前，「軍訓教官退出校園」的呼聲持續不墜，您覺得在政治、社會益趨開放時，軍訓教育自教育體系中撤出的可能性有多高？

謝：完全不可能！軍訓教育是國家「文武合一」教育政策下的實踐，同時更配合兵役制度；即令英、美的軍訓課程是選修，但別忘了英、美的兵役也是「選修」（募兵制）。

問：其實，目前最普遍的看法是保留軍訓教官，但是權責單純化，您覺得如何？

謝：一般人指責軍訓教官權責膨脹，干擾行政工作，其實舉凡人事、經費等工作，教官完全無決定權，教官工作全在生活輔導和軍訓教學，而生活輔導是所有教師的責任，軍訓教官比較突出，是因為他們更負責；像陽明醫學院學生受困宜蘭山區，只有教官一馬當先，負責協調救難工作，教官工作侷限於教書以後，這些安全維護不是一般老師擔負得起的。

問：據了解，未來大學法可能極單純，僅做原則性宣示，有關軍訓教官部分可能全部刪除，但在實際制度上仍保留，您認為這是不是比較妥當的作法？

謝：個人是不贊成，在大學法中刪掉不就表示軍訓教官退出校園了嗎？既然人事室、秘書室、會計室等行政單位在大學法中都有規定，軍訓教官當然宜在大學法中保留相關法條。如果刪掉，軍訓教官以後如何在校園中立足？

問：軍訓課程中，有一部分思想教育課程被指責為黨化教育、僵化的要求片面服從教育，這方面有無可能改進？

謝：新學期開始，軍訓課程大幅更動，所有思想教育課程刪除，完全著重於軍事知識與戰略之傳授。至於說軍訓是要求片面服從的教育，事實上軍訓教官從不要求學生服從，而現在的學生也不可能接受服從。

未來，軍訓處會儘可能提昇教官素質，但要求所有教官都是博、碩士人才也很難，希望大眾體諒教官工作的辛苦，莫過度苛責。

（76.9.20.中國時報記者夏珍訪問紀要）

參、憂患意識不可無

大學法正研擬修改中，其中軍訓教官制度存廢是最受爭議的議題之一。本報特訪問教育部軍訓處處長謝元熙中將，就此問題發表看法。

謝元熙：如果軍訓教官退出校園，我要說：「我為我們的下一代擔心。」

今天我們的教官一切為學校，一切為社會，一切為國家，既不求名又不圖利，心胸坦蕩，面對部分人士的批評，我認為那是對教官的誤解。當前學生軍訓旨在實現文武合一教育，激勵學生愛國情操，培養學生良好生活習慣及品德，保持校園安定及維護學生安全，其對學生、學校的貢獻是絕對肯定的，也是絕對需要的，我看不出有任何干涉學術自由與妨礙大學自治之事實，因此，軍訓教官絕對不能退出校園。

有人批評教官負責訓導角色不當，介入校務，擴張職權，我的感想是，只要是學校教職員都應擔負輔導工作，學校教師的責任不僅上課而已，除了「經師」之外，亦具「人師」責任，教官係學校教職員之一，協助輔導工作，是「人師」的一種責任與良心工作，不是權利，為何不對，至於總教官參與大學校務會議，其僅為參與會議人員的幾十分之一，根本不可能影響會議的裁決，也就談不上影響學校行政，目前修改大學法的意見中，很多人強調為配合「校園民主化」，

學校會議必須有教師、學生等一定比例參加，軍訓教育既是學校教學的一部分，總教官為何不能參加會議？教官為何要退出校園？這對校園「民主化」、「多元化」不反而是一種諷刺嗎？

假如軍訓教官改屬教務處，純粹只負擔教學工作，則我認為很多工作的推動與執行

均將發生困難，例如學生餐廳、宿舍秩序之維護、住校生意外事件處理、學生生活照顧與安全維護、團體生活與活動之安排、學生兵役問題之處理等這些都是忙於研究與上課的教師所無法擔負的，像最近十三名陽明醫學院學生登山受困，我們不知花了多少力氣進行搜救，最早到達現場的就是教官，可見教官一旦離開校園，對學生的照顧勢必減少，除了損害學生權益，別無好處。今天的臺灣雖然安定繁榮，但憂患意識不可喪，教官在學校裏對學生的言行舉止加以注意，無非是出於愛護，導引學生往正途發展，我曾問過不少學生：「學校要不要教官?」他們都說「要」，我問：「為什麼?」他們的回答是：「教官會保護學生。」這就說明了，軍訓教官實在不能退出校園。

（76.10.14.自立晚報記者訪問紀要）

肆、軍訓教官不退出校園！

新大學法中對軍訓教官定位
明定教官依法教授軍訓護理

【臺北訊】新大學法中對軍訓教官定位問題，經修訂大學法部分諮詢委員與教育部軍訓處處長謝元熙長談後，觀念上已獲得共識，據悉將同意明訂軍訓教官在大學教授軍訓、護理課程的法定地位。

教育部研修中的大學法，目前已接近完成草案的階段，其中因軍訓教官在校園中的定位問題，最近受到社會的矚目，部分人士並且堅持要將「教官趕出校園」，使大學法修訂期間，諮詢委員們對有關條文的修訂一再斟酌。

教育部軍訓處處長謝元熙今天指出，最近大學法部分諮詢委員曾就軍訓教官的定位問題與他有一番長談，所獲結論是肯定軍訓教育的重要，並為使軍訓教官與其他科目的教授們，在大學中一樣享有合法的地位，新修訂的大學法草案中仍將會明訂出軍訓教官在大學中的定位。

【本報記者陳美瓊特稿】正值部分學生高喊「將教官趕出校園」之際，教育部軍訓處處長謝元熙也同時指出，「為了國家民族的賡續，軍訓教官絕不退出校園。」

最近軍訓教官在校園中的定位，因逢大學法的修訂，有討論愈趨熱烈的情形，像臺大代聯會、教師聯盟、教師聯誼會等組織及部分學生刊物、地下刊物等，都要求軍訓教官退出校園，建議大學法修訂時剔除有關軍訓教官的條文，使軍訓工作面臨最大的挑戰及有史以來未曾有過的衝擊

在此股反對軍訓教官的逆流中，教育部軍訓處長謝元熙今天接受本報記者訪問時：

謝元照說，事實上就他了解高喊反對軍訓教官的學生或地下刊物，他們並非真正的反對軍訓教官，而是在鼓吹學生運動，反對現有體制，有些學生地下刊物甚至把中共的五星旗印在刊物上，而一些學生刊物字裡行間全是對政府、對國民黨的謾罵，全無對學術問題的探討，顯示出他們的居心叵測。

面對此股反對聲浪，謝元熙說他與全體軍訓教官們沒有半點心灰意冷，因為這足以表現出軍訓教官對學校安定的重要性。

謝元熙說，事實上絕大多數的學生們都很好，在學校中與軍訓教官建立起非常深厚的友誼，在七十五學年度中有四十多萬的學生接受軍訓教官的服務及幫助。軍訓教官早已受到多數學生們的肯定與愛戴。

從另一角度說，軍訓教官來自於陸、海、空軍中的優秀份子，他們是為貫徹國家的政策到學校中幫助學生，維持校園安寧，既不求名亦不求利，默默的執行學校訓育人員的指示，以教軍訓課程為主，輔導學生生活為輔，使學生能在祥和、安靜的學習氣氛中受教育，此點亦受到家長及學校的肯定。

謝元熙說，少數地下刊物指稱軍訓教官阻礙學術自由，要求校園民主。但是，以美國民主先進國家為例，民主自由就一定辦出一流的大學嗎？他認為要辦成一流的大學必需有多項因素配合，如安靜的研究環境、濃厚的學術氣氛、優良的教師、良好的設備；當然更需要的是努力向學的學生。為了使學生思想觀念正確，養成文武合一的健全國民，謝元熙說「軍訓教官絕不退出校園」。

（76.11.6.大華晚報記者特稿）

伍、陽明醫學院學生山難脫險家長昨贈銀盾感謝軍訓處

【本報訊】九月上旬陽明醫學院十三名學生受困於太平山區，教育部軍訓處協調有關單位全力搶救，受困學生家長為表示感謝，昨日以「解圍救困、萬眾共欽」銀盾致贈給軍訓處，由軍訓處長謝元熙代表接受。

學生家長林憲一代表十三位受困學生家長以銀盾致贈給教育部軍訓處，感謝軍訓處在九月八日獲知陽明醫學院學生結伴前往太平山登山被困後，協調有關單位全力搶救學生。

林憲一昨日指出：當教育部軍訓處獲知陽明醫學院學生受困於太平山區時，立即派員前往宜蘭，協助處理，並協調各有關單位全力配合救援工作，包括電請國防部派空軍搜救飛機、海軍救難隊等前往支援救難工作。

林憲一代表學生家長們特別感謝軍訓處在九月十日救援工作受阻時，軍訓處不但安慰全體受困學生家長，同時不眠不休的積極並繼續搶救，終於在九月十一日從南澳北溪上游的支流中將十三名學生救出。

九月上旬在太平山區受困的陽明醫學院十三名學生家長代表林憲一昨日以「解危救困、萬眾共欽」銀盾致贈給教育部軍訓處，以感謝軍訓處協助搶救學生，由處長謝元熙代表接受。

（76. 11. 7. 青年日報特稿）

陸、祇有少數人反對我們——訪教育部軍訓處處長謝元熙

「目前他們所提出的理由，在我看來都不能說服人家，成為要求教官退出學校的理由。」身為全國軍訓教官「總管」的教育部軍訓處處長謝元熙，堅持反對教官退出校園。

謝元熙指出，目前認為教官應該退出校園的學生和教授都是少數，「我估計贊成的學生不會超過八十個人，而教授也不過是常常在報上寫文章的那幾個人。」他並且以軍方報紙「臺灣日報」前幾天所辦的座談會中，大多數的參加同學都認為教官對他們有很大的幫助為例子，說明反對教官的人只佔少數。

對於教官最被批評的，參與學校訓導工作的問題，謝元熙卻認為並不是問題，他說：「教官也是老師，任何一個學校的老師都要擔負輔導的工作，這不是權力，而是良心的工作。」

對於有學生認為教官控制學生的思想的問題，謝元熙引用諾貝爾獎得主李遠哲的說法：「思想是不能被控制的。」他認為有些人要把這種問題扯進來，是「要把教官政治化，作政治解釋」。謝元熙說：「教官只是想作到發揚民族精神，激勵愛國情操，使學生具有軍人氣質和精神而已。」

在校園中教官一直被認為是一股保守勢力，專門替國民黨講話，對於這一點，謝元熙的說法是：「國民黨是執政黨，教官是依政府的政策去做事。」、「哪個黨上台，教官都是在替國家作事。」

對於教官在學校裏面替國民黨吸收黨員的事，謝元熙並不否認，但是他說：「那純粹是教官個人身為黨員的責任，軍訓處不管這件事。」

謝元熙認為，教官一直在被人誤解，揹了許多黑鍋，例如以前檢查頭髮是訓委會規定的，但大家都罵教官；例如有人誣指教官拿雙餉等等。但是，對於教官是否應該只單純的作軍訓課程教課的工作，而不要再介入其他的校務工作，以免再揹黑鍋時，謝元熙堅持說：「這樣就對不起我們的良心了。」

對於輔大教官總辭一事，謝元熙鄭重否認，他說：「軍人有軍人的紀律，怎麼能夠罷工、罷課呢？」謝元熙認為，這可能是有人故意要誤導，造成一種空氣來打擊教官。但是他也樂觀的表示，教官在目前輿論的批評之下，不但沒有意志消沈，而且工作得更積極，謝元熙說：「這是出乎我們意料的。」

對於大學法上對教官角色的規定，謝元熙表示，他希望教官應在大學法中有明白的定位，「不能一個字都沒有」。但是對於教官的職責，則不必規定，「因為大學法內對教授的職責也沒有明確的劃分。」

柒、大學軍訓制度存廢問題立院聽證　各有論點

【臺北訊】大學法修正案中最受爭議的「大學軍訓制度之存廢」問題，昨天在立法院舉行的聽證會中進行熱烈討論，兩派意見壁壘分明，將一併提供給教育部和立法院參考。

教育部軍訓處長謝元熙在會中表示，世界各先進國家都很重視學生軍訓教育，我國當前處境艱難，軍訓教育的實施更有其必要性。

謝元熙指出，軍訓教官不管學校的人事、預算，與大學行政毫無關係，軍訓教官完全站在輔導和協助學生的立場，對學校安定和諧具有正面的作用。

他進一步表示，軍訓教育課程將於下年度進行全盤檢討改進，希望學生上軍訓課程後都能有所收穫。另外，輔助教學的器材、軍訓教育的教學方法也須加以改進。

對於軍訓教官過度管束學生、要求學生絕對服從的批評，謝元熙對在場的大學生說，軍訓教官能要求學生服從嗎？這種要求學生會聽嗎？大家有目共睹，無需爭辯，軍訓教官僅能協助同學遵守校規。

臺大訓導長黃啟方也表示，政府雖宣布解嚴，但隨時有動員的需要與準備，因此各層次的軍事教育仍有需要，不宜取消。

臺大教授劉福增反對把軍訓課程列為大學必修科目，他說，大學教育最主要目的在於真理之追求，而軍事教育講求服從，和大學精神有所衝突。他建議在大學開設軍事學、戰略學等選修科目，而教授這類課程者需有大學教師資格，軍訓教官有此資格才可任教。

（76.12.20.中央日報特稿）

捌、大學法聽證會在立院舉行謝元熙說明軍訓教育功能

【軍聞社臺北十九日電】教育部軍訓處長謝元熙今天強調，軍訓教育的功能在藉軍訓教學發揚民族精神，激勵學生愛國情操，充實軍事知識，培養允文允武，術德兼修的愛國青年。

謝元熙今天下午參加立法院所舉行的「大學法」聽證會，討論有關「大學軍訓制度之存廢」問題，作以上表示。

謝處長說，軍訓教官的職責，主要包括軍訓教學、生活輔導及服務性工作三方面，教官完全遵照校規、制度依法行事，可以說是有職無權，純粹是為學生服務。

他並表示，今後的軍訓課程，將依據學生對課程的反映、老師授課當中發現的缺失及配合時代潮流的演變研訂，並充分運用輔教器材及改進教學方法，使軍訓課程更精進，更能達成教育目標。

（76. 12. 20. 青年日報特稿）

玖、軍訓多少「文武場」 教官進退「長短調」：謝元熙
——校園爭議漩渦中的尷尬角色

隨著大環境急遽變遷，校園議題蓬勃發展，潮流所趨，不但訓育人事與制度一再受到批判，即令復行卅餘年的軍訓教育制度亦遭到強烈地質疑，教育部軍訓處長謝元熙在「軍訓教官退出校園」的呼聲中，無可避免地成為校園爭議漩渦中，最尷尬的人物。

從臺大「自由之愛」赴立法院提出「大學改革方案芻議」，明確表達對軍訓教官職權單純化的期望後，教官在校園中的角色定位便成為高等教育制度正當性的指標之一，立法委員連署的大學法改革方案中，除了明訂教官職權單純化，甚至建議教官聘任需經校務會議核可，換言之，應比照一般大學教師，這項在一般行政體系中視為理所當然的變革，卻因為牽涉整個軍訓系統橫跨教育、國防二部，有其可變與不可變的因素，被軍訓處視為滑稽。

然而，當教育部諮詢小組略現與立委「教官單純化」的共識端倪時，軍訓處再也輕鬆不起來，據了解，諮詢小組提出草案中原有意略去相關規定，以「彈性」因應萬變，後在謝元熙極力斡旋下始添加有關「軍訓室」的規定，並以「大學教育包含教學與輔導」，

心照不宣地表明，所有教員皆負教學及輔導之責——包括教官在內。

另一方面，在教育部法規會討論大學法修正案時，在「法規會」與「諮詢小組」層級隸屬的矛盾中，軍訓教官進一步回到「輔導處」，另案建議中明文規定教官可協助輔導處工作，至此大勢「小」定，就待教育部長裁奪了。

抬面上看得到的努力外，抬面下謝元熙同樣克盡職守，對以固疆守土為天職的武將而言，復行卅餘年的制度在自己手上丟掉，同樣令人難堪。

不祇一次，謝元熙親自與高喊「軍訓教官退出校園」的活躍學生溝通，儘管不可能使其「反正」，但學生在其軟調子的訴求下，不得不承認批判教官多少有點傷感情，而一再強調他們批判的是制度結構性的不合理，並非抨擊任何軍訓教官的個人行徑。

在新進教官訓練期間中，謝元熙風塵僕僕的往來各「試講」場所，甚至曾說過「我都聽不下去，何況大學生」的重話，其求好急切之心可見一斑。

立法委員林時機、尤清主辦一連五場「大學法聽證會」結束後的餐敘中，謝元熙以一介武將，舌戰「群儒」，與十數位大學教授機鋒交錯，儘管在雙方立場各異的情況下，彼此都未被說服，教授群仍笑贈謝元熙處長：頗有「一夫當關」的將官風範。

獨赴鴻門宴的寂寞，是轉型期人物必然面臨的窘境，轉型洪流中，舊制之興廢與個人之功過應呈低度相關，身為校園爭議核心的主事者，在進行諸多內部改革，包括修改軍訓課程、重塑教官形象……之後，不論軍訓制度何去何從，謝元熙當可無愧於心。

（77.1.20.中國時報記者夏珍人物專訪）

拾、溝通校園軍訓角色　謝元熙四處奔走

隨著大學生自主意識高張，軍訓教官在校園裡扮演的角色日形艱難。教育部軍訓處長謝元熙這陣子風塵僕僕，奔走於各方拜訪和溝通，希望突破四周似乎突然間湧來的尷尬氣氛。

前不久，由各大學地下社團聯合出版的刊物「大學報」，要求教官退出校園；部分臺灣大學學生組成「要求軍訓教官退出校園促進會」……不論這些意見反映了多少校園內的心聲，教官的校園工作，越來越吃力而不討好了。

另一方面，教育部正在研修的大學法，也引發學者專家對軍訓教官的熱烈討論。有許多人支持軍訓教育實質上的服務與貢獻，不過，也有不少人不贊成在大學法上為教官爭取條文上的保障。

肩負無所猶豫的使命感，謝元熙縱身投入這股可能不利軍訓教育的逆流。他主動拜

訪了大學校園內楊國樞、張忠棟等多位學者，與立法院提案修改大學法的委員林時機、潘至誠、溫興春等接觸，力邀大學法諮詢委員沈君山教授餐敘，也勤於投稿各報刊。他熱切把握每一次機會，竭力強調軍訓教官在校園中不可或缺。

也許因為彼此養成背景的歧異，也許由於剛毅木訥的軍人性格使然，每一次面對面，溝通的效果，未必盡如人意，偶或換得冷眼回應；然而也有許多時候，對方在事後都會尊重他熱愛國家的一番赤誠。瀟灑卻也感性的沈君山與他一席溝通後，有關軍訓教育的「共識」尚難説，對他個人的認識與欣賞卻加深不少。

執著於軍訓教育的信念，這位「兩顆星」的陸軍中將，也設法找到臺大「軍退會」學生成員。晤談中雙方仍是各説各話，但他單刀直入邀請這批懷著社會改革想法的大學生畢業後投入教官行列，讓人印象深刻。

有人認為，軍人就像高山松柏，具有經霜耐寒的堅忍性格。由臺中團管區司令、馬祖防衛部副司令到教育部的學生軍訓處，謝元熙的執著是一致的。但是，這株松柏週遭的氣候和環境是不是改變了？

軍訓教育在大學法中的定位，目前言之尚早，謝元熙為他所堅持的信念奮戰到底的軍人本色，卻令許多人感動。

（76.11.16.聯合報記者伍齊美特稿）

拾壹、從真實成就肯定教官成就

教官教學生愛國錯在那裡？

依據張生先的觀察，軍訓課程有三：「政治訓練」、「精神教育」、「認識敵人」。姑且把張先生的三點觀察，歸納起來一句話「愛國」，讀聖賢書所學何事？教官教學生愛國總是好事嘛！「不要問國家給你做了什麼？先要問我給國家做了什麼？」美國前總統甘迺迪這句名言放諸四海而皆準，對任何一個國家的國民，都是正確的。今天，中華民國的處境，中共與「臺獨」份子交相為患，特別是年輕人，受高等教育的大學生，需要時刻反躬自問：「我給國家做了什麼？」

軍訓教育並不是萬應靈丹，教官也不是神，但四十年來軍訓課程的愛國教育，應是成功的，從政府遷臺以來，受過軍訓的大學畢業生總有幾十萬人吧？在國外的、在國內的我們從未聽過他們抱怨，上軍訓課程損失了什麼？就是女生，也感到軍訓課程的精神教育，磨練堅強意志有所幫助。意志鍛鍊，並不是數學課程、物理課程、化學課程學得到的。

教官端正學風功不可沒

軍事教育可貴處在於提升氣質，軍訓與服役有一段距離，就算是服役前的暖身運動，也是有利無弊。當今處在戰爭邊緣狀態的國家，國民無不重視軍事教育，以色列全國皆兵，婦女也不例外，一旦戰爭來臨，立即動員，丟下筆，拿起槍。在六日戰爭中，以色列國民奔赴前線的可歌可泣故事，指不勝屈，這是一個人氣質最佳表現，嚴格的軍訓，是保衛國家，也是保衛自己，教授也許已經老了，對於軍訓言不由衷了。又以為現在是承平時期，軍事教育不需要了。

其實教官對學生的貢獻，絕不是林、張二人所言的一無是處，最重要的一點是生活輔導，或說是生活照顧，學生校外生活、山難、水難、火災、車禍，生活上種種意外，教官跑在最前面，付出的關懷，不下於學生父母。

生活輔導，就是生活導向，高中生、大學生，仍然都是未成年孩子，可塑性強，教他們知書識禮，把握有限的四年時間，總比搞政治教授教他們整天喊「人權」、「民主」口號，這裏遊行、那裏請願好得多了。

林玉體認為教官的存在，抑制了學生活潑的天性，妨害了學生身心的發展，這種說注有沒有學術的依據？沒有。就以事實言，張忠棟、林玉體二人，也受過軍訓，身心發展受到了抑制嗎？你們如今持筆為文，不是高興說什麼就說什麼？反過來說，學生要打架讓他們去打架，要為非作歹，讓他們去為非作歹，算是心身發展嗎？教育，除了讀書外，主要是人格陶冶，人格欠缺，縱有一肚子學問也是一文不值。

林玉體說：「臺灣各級學校內沒能出現學潮或罷課風波，教官的駐校，功不可沒。」看林先生話意，並不服氣，其實服不服氣不重要，只要事實是這樣的，教官確實就功不可投了。學潮、罷課，對學校都是致命傷，做為老師的老師，總不致贊成學校受傷、學生受害；學校、學生受了傷害，要學生活潑，也活潑不起來，活潑不是鬧事，鬧事不是活潑，假活潑之名鼓動學生鬧事，此心可誅。古今中外，學生都是愛講話的，給學生一個傾訴的管道是對的。但，古今中外，唯有安定的教育環境，才能培養出國家所需要的人才，也是不容否認的。

大學法的修訂，軍訓制度不可廢，如何充實教官職能是值得檢討。更重要的是，不要把教授的飯碗鑄成鐵飯碗。不學無術的教授，喪心病狂的教授，捧著鐵飯碗，就有恃無恐，就會利用國家賦予教授身分，打擊國家。學校聘請教師，就是給了教師工作權，做教師的不珍惜工作權，把學生帶到偏激路上去，學校為了保護學生，當然要解除這等教師工作權。權力是相對的，不是絕對的。被解聘的教師，不自反省，節外生枝，大搞人權，凡人都有人權，教師有人權，難道學生沒有人權？校長沒有人權？

以信心愛心續予學生照顧

我們希望，教官們不可失去信心，不可氣餒，你們的成就，對國家的貢獻，有歷史證明，校警有校警地位，不過林玉體先生比擬不倫罷了。國家仍處在風雨飄搖之中，大中學生這些孩子們，仍是不成熟的，生活上仍需要你們照顧，給予愛心，給予協助，不要讓他們迷失，給他們的，和給他們的前輩學長一樣，不必理會外間有心人的誣衊。教官有時難免像管家婆，管家婆有時難免也討人嫌，這不要緊，眼看孩子個個有成。沒有你們，也許其中有人連生命都難成長，有一天，他們都成為碩士、博士，他們的成就，無疑就是你們的成就！

（76.10.16.青年日報記者陳真專欄）

拾貳、教官，校園不能沒有你！

在立法院即將三讀審查大學法的前夕，本人希望能憑二十餘年在大學授業與擔任一年訓導長的經驗，針對大學法中的軍訓問題，竭誠進言，提供立法委員與社會賢達卓參，並祈指教。

服兵役是國民應盡的義務，大學生高級知識分子，應在軍事理念認知上多盡一份責任，養兵千日用在一朝，不能因為當今短暫的和平無戰事與兩岸的交流而荒廢了國防與護理。因此大學文武合一的教育，實在有其必要性，而教官有其獨特的軍訓知識領域，陸、海、空、聯勤的專業知能，不是一般學科教授所專擅與勝任，每位大學生都應具備相當的軍事知識，不是只有少數有意願的大學生才去選修軍訓課的，才去為國家國防盡一份心力的，所以教官在校內講授軍訓有其必要性，軍訓列為必修課程有其必要性。

對於大學生的輔導是多層面的，有學業的輔導，有行為的輔導，有心理的輔導，有生活的輔導，有人際關係的輔導，有實習就業的輔導等等，而教授、導師、教官、行政人員等也多多少少負有輔導的一份責任，家長有要求學校對其子女施予輔導的權利，學生在校有接受輔導機會的權利，我們不能剝奪學生有接受更多照顧與輔導的權益。一般而言，教授比較偏重課業的輔導，教官比較偏重生活的輔導，心理專家與醫師比較著重特殊行為與心理的輔導。對於學生的照顧與輔導，教授、導師、教官、行政人員（校長、教務長、訓導長、訓導員、輔導中心人員、健康中心心理醫師等等），都應同時善盡職責，奉獻心力與時間，讓學生接受良好的教育。

教官在校園中對於學生的生活照顧、傷病送醫、急難救助、情緒疏導、安全維護、學園的安寧維持等，也都能盡其責任，發揮功能。當然管人的人常被人討厭，但我們不能因為子女討厭被父母管教而不要父母，不能因為學生討厭被導師管教而不要導師，同樣的，也不能因為部分學生不喜歡教官輔導而不要教官。有人認為學生的輔導只要導師就行了，這是一知半解的看法，教授限於時間、人力、場所、經驗、結構，力有未逮在所難免，而教官二十四小時駐校輪值或宿舍值勤，有其特殊管道，有軍訓室的統籌運作聯繫，在學生發生特殊事故時，教官常是第一個到現場處理的人，在學生疾病受傷時，教官常是第一個把學生送到醫院協助照顧的人。說真的，教官幫了教授，幫了導師，幫了訓導處，幫了家長，幫了學生的忙呢！有時同事閑聊，談及學校如果沒有教官，我們當教授的，當導師的，當系主任的，不知要多累，多煩呢？學生在校外車禍受傷，在高山上遇難，我們教授還真不知如何聯繫如何處理呢！不知要費多少心神呢！宿舍沒有教官，叫我們教授去住宿舍照顧學生，維護宿舍的安全與秩序，教授們願意嗎？記得訓導長任內因為學生宿舍不足，有人建議教官搬離宿舍，我說：「可以，但如果教官搬離宿舍，學生發生緊急事故，誰負責？」，此語一出，再也沒有人要教官搬離宿舍了。總之，教官對於學生，是有其正面的意義，有為學生所歡迎肯定的一面。

學校需要教官，教授需要教官，家長需要教官，學生更需要教官，教官應該是值得感激欽佩的學校成員之一。如今本人已卸訓導長職務，純為專任教授，只想就平日經驗觀察所得，善盡一份言責，最後還希望作決策的立法委員先生女士們，深思熟慮，多方求證，制定一個有益於國家，有益於社會，有益於學校，有益於學生，可施行於長久的大學法，讓文武合一教育能在大學中落實，讓教官能在大學裡繼續發揮功能，讓學生能夠得到周全的照顧與輔導。幸甚！幸甚！

（轉載自八十二年十二月五日青年日報，作者簡明勇）

拾參、軍訓教官之身分、職責及其與學校之關係

㈠軍訓教官是學校講授軍事專業課程的教師，也是校長、訓導長（主任）的部屬，受校長、訓導長（主任）的指揮與督導，執行學校所賦予的任務。並無特殊身分與「權威」可言。其職責主要有下列三點：1. 軍訓教學；2. 學生生活輔導；3. 其他學校交辦事項，如學生兵役問題（辦理學生緩徵、儘後召集）、總動員會報業務、學生與校外糾紛調處（車禍、搶劫、強暴、竊盜、租屋）、急難救助、學生生活照顧、安全維護、預官

考選、僑生戶籍及入出境手續協辦等。

㈡依教育部、國防部會銜訂頒之「高級中等以上學校學生軍訓實施辦法」第六條：「大專院校總（主任）教官與高級中等學校主任教官在軍訓人事、軍訓教育與軍訓後勤業務方面，應秉承校長指示，協調有關單位及指揮所屬辦理全校軍訓事項及協辦訓導事宜，其協辦訓導之責任為：大專院校總（主任）教官襄助訓導長（主任）處理有關訓導事項，主任教官或資深之教官兼任生活輔導組主任，承訓導長（主任）之督導與總（主任）教官之指揮，處理有關學生生活輔導事項，由此可見軍訓教官是學校建制內的人員，受校長指揮、訓導長（主任）督導與其他單位協調，執行其職責內之工作。

拾肆、軍訓教官之遴選、介派、遷調，宜否經大學教務會議之同意，以尊重大學自治？

㈠軍訓教官為現役教育職軍官，由於遴選對象、方式、任免、介派、輪調等作業，均須依照軍官任職條例辦理，作業程序與學校聘任教師迥異，並非某大學教務會議能單獨向軍中甄選、聘用。事實上軍訓教官經甄選合格後，視其來源之不同須實施四週、六或十個月之職前專業訓練，始能任用，亦非各大專校院所能自行辦理者。

㈡軍訓教官之來源有二：一為由軍中甄選少將、上校級軍官，及考選中校以下之現役軍官。一為向社會考選大學畢業之男女青年。此等人員經職前訓練合格後，即依學校需求介派各學校服務。若經考選錄取、訓練合格後，尚須經教務會議同意始能介派，一則參與教務會議人員對錄取人員並不了解，一則錄取後教務會議若不同意介派，則此等人員又將如何安置？因此軍訓教官之遴選、介派須經教務會議同意之辦法，既無實質意義，亦難與實際狀況相結合。

㈢軍訓教官介派至學校服務，即為校長的部屬，學校的成員。自應尊重學校體制，服從校長的領導，並以學校整體榮辱為重，善與一般教職員工相處。故軍訓教官在校服務，凡經學校考核，涉有人地不宜、工作不力或與學校有關部門協調配合不夠，而有具體事實者，教育部一向尊重學校校長之意見，予以適切之調整與處理。因此歷年來有關軍訓人事問題，從未帶給學校任何困擾，對於所謂「大學自治」精神並無違背。

拾伍、軍訓課程內容應限於軍事課程，有否滲入國民黨訓練黨工的課程，影響學校中立化？

軍訓教育係依憲法第一百五十八條精神實施文武合一的教育，以培養允文允武、術德兼修的優秀青年為主旨，從軍訓課程基準和軍訓教學目標中可充分顯示，絕無黨化教育的內涵（請參閱第五篇之拾肆、高級中等以上學校軍護課程基準表），當然更談不上「影響學校中立化」。

拾陸、軍訓總（主任）教官應否參與學校之校務會議、行政會議、教務會議及訓育委員會議？

軍訓總（主任）教官與一般教官同為學校講授軍事專業課程的教師，是校長、訓導長（主任）的部屬，亦是學校的教師。在校園民主化之呼聲中，為廣納各方意見，教師、學生代表均允參與校務會議、行政會議、教務會議及訓育委員會會議，軍訓總（主任）教官為學校教師之一員，為便於各項工作推展之協調連繫，參與前述各種會議，對學校教育之運作必有助益。而總（主任）教官參與校務、行政、教務及訓育委員會議，僅為參與會議人員之幾十分之一，亦不可能影響會議的裁決或干涉學校行政。

拾柒、軍訓教官是否應負責學生生活輔導？

㈠就法的觀點而言：新大學法草案第十八條第五款「大學教學包括授課與輔導」之

精神而言，輔導學生是身為「人師」的職責與良心工作。軍訓教官是學校教師的一分子，自應本諸身為「人師」之良知，負起輔導學生的良心工作，幫助學生遵守校規，消除學生在生活上、情緒上、學習上、急難上所發生之各項問題，照顧學生健全成長。

㈡就學生的需要而言：我們不應該剝奪學生需要軍訓教官輔導、服務、幫助的權益，以八十一學年度而言，接受過教官服務、輔導、幫助過的學生高達一、七〇九、四〇九人次，約為學生總人數百分之一一二。假若限制軍訓教官不得輔導學生，這等於是剝奪了那些需要教官輔導與照顧的學生的權益。因此若教官僅負責軍訓教學，不得擔任輔導工作，那不是保護學生的權益，而是剝奪學生的權益。

㈢就學生家長的期望而言：家長期望子弟進入學校後品學兼優，健康平安，是每位家長所寄望於學校的心願。今天有教官輔導學生，幫助學生遵守校規，照顧其生活、維護其安全、解決其疑難困惑，使家長放心、學生安心。這是家長所最關心的事，也是不應該被剝奪的。

拾捌、軍訓教官有無輔導學生的專業知識？

軍訓教官是經教育部考選、訓練合格，具有軍事教官專業知能和素養後，始介派至學校任職。其訓練內容包括：

㈠職前訓練：凡新進軍訓教官在未任教官之前，視其考選來源之不同須分別實施四週、六個月或十個月教官專業訓練，講授軍訓法規、教育心理學、軍訓教學要領、學生心理趨向、學生生活輔導要領、軍訓實務經驗報告等，另安排至學校實況觀摩見習，使其具備軍訓教學與生活輔導之專業知能。

㈡在職訓練：

1. 每學期分二十二個集會區實施軍官團教育，聘請學者專家，實施軍訓教學與生活輔導等專題研究。

2. 每年假臺灣省幹部訓練團舉辦暑期軍訓（護理）人員工作研習，除請部次長及省（市）教育廳（局）長出席指導外，並聘請各大專院校教授，以講授、座談、分組討論等方式，研討軍訓教學與生活輔導等專業課程。

3. 委託救國團青少年輔導中心辦理高中教官輔導知能研習，研討諮商技巧、學生不良適應行為之輔導、青少年身心發展與輔導、團體輔導等，充實軍訓教官之輔導理論與方法。

㈢進修教育：

1. 成立軍訓教官正規班，每年召訓少校（含）以下教官，實施十六週之專業訓練，內容包含教育概論、教育心理學、輔導原理、心理衛生、普通教學法等，以精進其本職學能。

2. 每年委請師範大學開辦高級中等以上學校軍訓教官輔導知能研習班，修習教育概論、教育社會學、德育原理、教育心理學、輔導與諮商、訓導實務研究等課程，結業後由師大授予十個教育學分。

總之，軍訓教官除在軍事院校接受過嚴格之軍官養成教育外，在擔任軍訓教官後，尚須經常接受有關軍訓教學及學生生活輔導方面之各種講習與進修，其應具備之專業學養，實無容懷疑。

拾玖、軍訓教官與學生社團之關係

軍訓教官參與學生社團活動是基於服務的理念，秉犧牲奉獻的精神幫助學生實現其願望，如活動計畫之指導、協調、連絡等行政支援，以及疑難疏解、安全維護等服務。但教官僅在下列兩種情況下參與學生社團活動：一是學生邀請；一是訓導長（主任）或課外活動組邀請。教官基於愛護學生、服務學生的職責，當應熱忱參與。通常有關服務性、才藝性、聯誼性、康樂性等社團；慈幼社、登山社、健行社、暑期工程隊，或學生集體校外參觀、旅遊活動等學生多樂於邀請教官參與。

貳拾、軍訓教官是否會「監控」學生思想、干涉「學術自由」？

李遠哲博士曾說：「人的思想是不可能被控制的」，這是事實，思想是一種心意活動，是無形的、是無法被控制的。再就學生選科選系而言，軍訓教官從不過問，當更談不上干涉。而軍訓教學旨在講授軍事學術、傳授學生軍事知識、激勵學生愛國情操、貫徹文武合一教育，亦非「思想監控」。學生思想亦絕不可能被「監控」，軍訓教官亦無此「監控思想」之能力。

貳壹、大學軍訓教官為何比照教授、副教授支薪？

㈠依照行政院65.11.25.臺六十五人政肆二二四六二號函核定之軍訓教官薪給規定：

「學校軍訓教官學術研究費之支給，大專院校部分，總教官及主任教官比照教授，教官之官階中校者比照副教授，少校及上尉比照講師，中尉比照助教之標準辦理。

㈡軍訓教官介派到學校服務，從事教育工作擔任軍訓教學課程，與一般老師之角色相同，其待遇依「專科以上學校軍訓人員服務規程」規定，軍訓人員之薪津，由主管教育行政機關及各校（院）比照學校教員支薪辦法核敘。

㈢軍訓教官除須具備學士以上學位外，能晉升中校者，其任官年資少者須十一年以上，且須完成「正規班教育」。能晉升上校者，更須具有三軍大學指參學院學資，其任官年資至少亦需十五年以上，絕大多數畢業生無法晉升。故其能晉升中校或上校，依全國軍公教人員待遇支給要點，比照教授、副教授支薪，誠屬公平合理。

貳貳、大學畢業後還要服兩年兵役，在學校為甚麼還要上軍訓課？

㈠服兵役與學生軍訓兩者意義不同：

1.服兵役是國民應盡之義務，其所受之訓練，是為直接參與作戰而訓練，是針對每個戰鬥員的任務，為達成其任務，而給予不同的訓練，如步兵、裝甲兵、砲兵、化學兵、工兵、通信兵。各人任務不同，其訓練內容亦依各人遂行任務之需要而定。

2.學生軍訓是實施文武合一的教育，是培養一個允文允武、術德兼修、有民族精神、有愛國情操、有軍事常識、有軍人膽識、有軍人氣質、有軍人精神的優秀國民，這是通識教育的一部分，也是無分男女學生都要研習的共同必修課程。

㈡在全民性、總體性的戰爭型態中，國家安全有賴全民的認知與參與；一個國家可以百年不作戰，但絕不可有一日忘戰，所謂「忘戰必危」這是千古名言。學生軍訓就是要增進學生軍事知識，提昇國人對國防之共識，使學生均能具有「以國家興亡為己任」的愛國精神，所以說學生軍訓是愛國教育，也是強種強國的教育。

貳參、高級中等以上學校設置軍訓教官投資效益如何？

㈠學生軍訓為文武合一的優良教育學制，亦為人文教育之一環，在社會變遷快速、現實功利主義高漲、青少年犯罪比率日增的今日，積極加強人文教育，已成為當前文化教育的重點；學生軍訓藉軍訓教學振奮民族精神、激勵學生愛國情操，陶鑄學生武德武藝，充實軍事知識，增進全民國防共識；藉生活輔導，培養學生良好生活習慣，陶冶高尚品德，發揚校園倫理，明辨是非，樹立人生正確價值觀，並維護學生安全。使學生成為允文允武、術德兼修的優秀青年，以臻強種強國，誠乃無價之國防。

㈡就學生生活照顧而言，軍訓教官以犧牲奉獻精神服務學校，實施二十四小時住校、值勤，防止歹徒騷擾校園、處理意外偶發事件、照顧學生生活等。以八十一學年為例，高級中等以上學校學生受到教官服務照顧者計：疾病照顧一七一、五〇七人次，急難救助四二、七七九人次，情緒疏導三八〇、一三〇人次，生活照顧五〇四、六四八人次，安全維護四四一、五四七人次，全國教官服務全國學生九一、八一五人次，協同輔導七六、九八三人次，合計一、七〇九、四〇九人次，對學生及學生家長而言，其效益與功能是肯定的。

貳肆、私立學校教官待遇為何由教育部編列？

民國六十五年七月一日以前私立學校軍訓教官之薪給，由各校負擔，後經各級民意代表建議，基於軍訓教官為公職人員，及為減輕私立學校之財務負擔，其待遇應由政府支給。行政院乃於六十五年六月十日以臺65忠授五字第二七九〇號函，核定自六十五年七月一日起，私校教官待遇由政府編列預算支付。

貳伍、學生軍訓是非常時期的產物？解嚴後軍訓教官應否退出校園？

㈠高級中等以上學校實施軍訓，是民國十七年五月廿三日全國教育會議第一次大會一通過實施的，而臺灣地區宣布戒嚴，是民國卅九年元月為確保復興基地安全，由行政院頒布的，顯然在時間與意義上，兩者並無直接關連。

㈡學生軍訓是我國傳統文武合一的教育制度，也是國家百年樹人之優良教育學制，旨在為國家培養允文允武、術德兼修的優秀人才，非常時期固然重要，但為保持國家持久不衰的民族精神和永恆的健全國民，則有賴健全的教育世代薪火相傳，而無平時戰時之分，顯然戒嚴與解嚴之別。今日世界甚多國家如美、蘇、英、德國、波蘭、瑞士、瑞典等國，雖多處於承平時期，惟高級中等以上學校均設有軍訓練程，並嚴格執行，其重視軍訓之實施，較我尤有過之，所以說，軍訓是強種強國的教育，是世代子孫所需要的教育，與戒嚴、解嚴無關。

附錄二：臺灣大學文學院暨夜間部教官基本軍官團紀錄簿

國立台灣大學 夜文 學院教官 基本軍官團紀錄簿 第 1 頁

時間：85 年 9 月 26 日（星期四） 地點：女八

應到人數：8 員。實到人數：5 員。未到人員姓名、事由：陳梅蘭、郭[illegible]華（[illegible]）、賴明俊（[illegible]）

參加人員簽名：陳福成 王福燕 高小山 [illegible]

重要紀事

一、收視莒光園地：

二、學院（舍區）重要事項報告：

1.新生入學指導下午一時卅分院長介紹系主任及教官。

三、主任教官指示事項：

女生舍區同仁注意：

1.協助新生住宿、清查里戶、請獸醫來抓狗、提高品質

2.昨日[illegible]會舍區會報中表揚女生舍區。

主任教官批示：[illegible]

紀錄人：高小山

國立台灣大學 學院教官 基本軍官團紀錄簿 第 1 頁

時間：85 年 10 月 3 日（星期四） 地點：夜間部軍訓室

應到人數：8 員。實到人數：6 員。未到人員姓名、事由：郭玉華（值班） 蔣先圍（值班）

參加人員簽名：陳鴻成 王福迎 廖國仁 商小山 賴明俊 陳振燕

重要紀事

一、收視莒光園地：

釋証嚴法師開悟激勵官兵。

二、學院（舍區）重要事項報告：

李教官：請全院教官同仁踴躍參加全校運動會、初賽（10月）、田徑賽（11月）、馬拉松（12月）

三、主任教官指示事項：

一、請同仁多參加學校活動，擴展視野開拓人際關係。

二、請同仁上課務必準時、多加準備／另新生幹部名單務須掌握，以備有事聯絡。

主任教官批示：閱 張明 10/3

紀錄人：賴明俊

國立台灣大學 夜文 學院教官 基本軍官團紀錄簿　　第　　頁

時間：85 年 10 月 24 日（星期四）　　地點：夜間部

應到人數：7 員。實到人數：7 員。未到人員姓名、事由：

參加人員簽名：高□山　唐□□　王福蕊　郭明俊　陳梅燕

重要紀事

一、收視莒光園地：

二、學院（含區）重要事項報告：女八九下午2200與廠商簽訂福利社合約。

三、主任教官指示事項：1.簽到需簽全名。

主任教官批示：閱 10.24

紀錄人：陳梅燕

國立台灣大學 文 學院教官 基本軍官團紀錄簿 第 頁

時間：85 年 11 月 28 日（星期四） 地點：教官部軍訓室

應到人數： 員。 實到人數： 員。 未到人員姓名、事由：蔣光亂（值班）

參加人員簽名：

重要紀事

一、收視莒光園地：一、新聞前引 二、時勢評析 三、武器系統介紹

二、學院（舍區）重要事項報告：

三、主任教官指示事項：陳主任交代軍訓處報告教官班入闈工作。

主任教官批示：1128

紀錄人：

國立台灣大學 夜 文 學院教官 基本軍官團紀錄簿 第 1 頁

時間：85 年 12 月 12 日（星期四）　地點：夜間部軍訓室

應到人數：8 員。實到人數：　員。未到人員姓名、事由：

參加人員簽名：[illegible]、賴明俊、高小仙、[illegible]

重要紀事：

一、收視莒光園地：
一、新聞剪影、二、時勢評析

二、學院（含區）重要事項報告：

三、主任教官指示事項：
一、下星期（[illegible]）時勢報告請查教官擔任。
二、學期快結束，請各位同仁登錄軍訓成績或期末測驗出題應預作準備或著手。

主任教官批示：[illegible]

紀錄人：賴明俊

國立台灣大學 學院教官 基本軍官團紀錄薄 第 1 頁

時間：85 年 12 月 26 日（星期四） 地點：夜間部軍訓室

應到人數： 員。實到人數： 員。未到人員姓名、事由：

參加人員簽名：[illegible]

重要紀事

一、收視莒光園地：

1、新聞剪影、二、內部管理。

二、學院（舍區）重要事項報告：

本院這次參加校園盃拔河賽共有二人（李教官、賴教官），分獲91、55、26名，熱心參與校內活動，深值嘉許。

三、主任教官指示事項：

近日假期較多，出門旅遊請同仁注意安全。

主任教官批示：[illegible] 12/26

紀錄人：賴明俊

國立台灣大學 文（夜）學院教官 基本軍官團紀錄簿 第 1 頁

時間：86 年 1 月 16 日（星期四） 地點：夜間部軍訓室

應到人數：8 員。實到人數： 員。未到人員姓名、事由：蔣光鳳、許梅珠

參加人員簽名：[illegible] 王福正 鄧秀華 [illegible] 記錄：[illegible]

重要紀事
一、收視莒光園地：一、新聞報導 二、專題講演。
二、學院（舍區）重要事項報告：一、寒假期間有關上班規定；二、請多準備下學期教案。
三、主任教官指示事項：

主任教官批示：[illegible]

紀錄人：[illegible]

國立台灣大學　學院教官　基本軍官團紀錄簿　第 1 頁

時間：86 年 1 月 23 日（星期四）　地點：夜間部軍訓室

應到人數：8 員。實到人數：員。未到人員姓名、事由：

參加人員簽名：[illegible]　王福森　[illegible]　高小仙　賴明俊　[illegible]

重要紀事

一、收視莒光園地：
一、新聞前哨、二、專題報告、

二、學院（舍區）重要事項報告：
感謝陳主任教官於 86.1.22 宴文學院全体教官吃飯並贈書目、

三、主任教官指示事項：
一、請各位同仁按時將同學之軍訓成績結算繳交。
二、放寒假在即請加強下學期教學準備。

主任教官批示：閱 張[illegible] 0123

紀錄人：賴明俊

國立台灣大學 夜 文 學院教官　基本軍官團紀錄簿　第　頁

時間：86 年 3 月 27 日（星期四）　地點：夜間部軍訓室

應到人數：8 員。實到人數：　員。未到人員姓名、事由：

參加人員簽名：[illegible] 劉瑞婷 [illegible]

重要紀事

一、收視莒光園地：

㈠新聞剪影 ㈡專題講座

二、學院（含區）重要事項報告：

三、主任教官指示事項：

1、賡續整理軍訓督考個人業務。

2、春假期間各值勤教官要堅守崗位。

紀錄人：劉瑞婷

主任教官批示：[illegible]

國立台灣大學　學院教官　基本軍官團紀錄簿　第 1 頁

時間：86 年 4 月 17 日（星期四）　地點：夜間部教官室

應到人數：8 員。實到人數：　員。未到人員姓名、事由：0

參加人員簽名：賴明俊　[illegible]　[illegible]　[illegible]

重要紀事

一、收視莒光園地：(一)新聞剪影　(二)專題報告

二、學院（舍區）重要事項報告：

三、主任教官指示事項：

一、學期中段考或測驗，請各同仁加速批改試或成績登錄。

二、五月份教學觀摩在即，請大家努力準備。

主任教官批示：[illegible] 4/17

紀錄人：賴明俊

國立台灣大學 文 夜 學院教官 基本軍官團紀錄簿 第 1 頁

時間：86 年 5 月 1 日（星期四） 地點：夜間部教官室

應到人數：8 員。實到人數： 員。未到人員姓名、事由：

參加人員簽名：賴明俊 李建忠 范[illegible] 黃[illegible] 陳[illegible] [illegible] 彭[illegible]

重要紀事

一、收視莒光園地：(一)新聞剪影 (二)專題報告、

二、學院（舍區）重要事項報告：一、最近白曉燕事件引起很多人關心，各同仁上課時不妨將一些學生安全案例利用上課時間告之同學，提醒注意。

三、主任教官指示事項：一、前往大陸投資也會影響國安，同仁也可以蒐集這方面資料為國家安全輔助資料。

主任教官批示：[illegible]

紀錄人：賴明俊

國立台灣大學 學院教官 基本軍官團紀錄簿 第 頁

時間：86年5月15日（星期四） 地點：夜間部辦公室

應到人數：8員。實到人數：員。未到人員姓名、事由：

參加人員簽名：[illegible]

重要紀事

一、收視莒光園地：(1)新聞剪影 (2)專題報告

二、學院（含區）重要事項報告：

三、主任教官指示事項：

1、教學觀摩獎品，請各位同仁加強準備。

2、0521、0523、0530日1330～1330於普通教室一○一室，舉辦性別歧視與性侵犯的防治法專題講座，請加強宣導鼓勵女同學踴躍參加。

主任教官批示

紀錄人 [illegible]

國立台灣大學文夜學院教官　基本軍官團紀錄簿　第　頁

時間：86年6月26日（星期四）　地點：夜間部辦公室

應到人數：8員。實到人數：　員。未到人員姓名、事由：

參加人員簽名：

王福泉、李宗、陳明發、…

重要紀事

一、收視莒光園地：
(一)新聞剪影 (二)專題報告

二、學院（舍區）重要事項報告：

三、主任教官指示事項：
一、學期即將結束，成績有待結算的同仁，請儘速完成。
二、下午二點召開政戰工作檢討會，請同仁按時與會。

主任教官批示：

紀錄人：彭…

國立台灣大學　學院教官　基本軍官團紀錄簿　第　頁

時間：86年10月23日（星期四）　地點：夜間部辦公室

應到人數：86員。實到人數：　員。未到人員姓名、事由：

參加人員簽名：陳福成　[illegible]　[illegible]

重要紀事

一、收視莒光園地：
(一)新聞剪影 (二)專題報告

二、學院（舍區）重要事項報告：

三、主任教官指示事項：

1、近期學校舉辦多項活動：馬拉松、游泳、游泳馬拉松…等
請同仁多與參加。

2、最近假期較多，外出旅遊時請注意行車安全。

主任教官批示：

紀錄人：[illegible]

國立台灣大學 夜文 學院教官 基本軍官團紀錄簿 第 頁

時間：86 年 11 月 19 日（星期四）　地點：夜間部辦公室

應到人數：5 員。實到人數：5 員。未到人員姓名、事由：

參加人員簽名：[illegible]

重要紀事

一、收視莒光園地：

（一）新聞剪影、專題報告。

二、學院（含區）重要事項報告：

三、主任教官指示事項：

一、近期多項活動已順利完成，感謝同仁大力支持。

二、天氣變化很大，同仁要注意身體健康。

主任教官批示：[illegible] 11/19

紀錄人：[illegible]

國立台灣大學 學院教官 基本軍官團紀錄簿 第 頁

時間：86年12月4日（星期四）

地點：夜間部辦公室

應到人數：4員。實到人數：4員。未到人員姓名、事由：

參加人員簽名：

重要紀事

一、收視莒光園地：

(一)新聞剪影 (二)專題講座

二、學院（舍區）重要事項報告：

一、女五宿舍從今天起全面整建，預計四十五天完工。

二、請多準備下學期教案。

三、主任教官指示事項：

連續幾週實施學術講演，請各教官加強學生管制並按時抵達。

慕主任於9:10抵達女生宿舍，指示同仁加強宿舍管理。

紀錄人

主任教官批示

附錄三：臺灣大學軍訓室八十六年晉陞聯誼餐會

國立臺灣大學軍訓室八十六年晉陞暨聯誼餐會

第一桌：
陳校長維昭教授・夫人
陳副校長正宏教授・夫人
林院長耀福教授・夫人
張院長鴻章教授・夫人
陳總務長益明教授・夫人
何學務長寄澎教授・夫人
張主任委員麟徵教授
杜主任榮瑞教授
李總教官長嘯將軍・夫人
林怡忠主任教官
陳福成主任教官
吳元俊主任教官

第二桌：
林主任祕書政弘
林主任火旺教授
王主任亞男教授
高主任天恩教授
陳秘書保基教授
溫主任鎮源教授
陳主任東昇教授
陸　雲教授
施嘉昌教授
林耀松教授
黃俊傑教授
孫彭聲主任教官

第三桌：
黃主任宏斌教授
周主任家蓓老師
師主任秀惠老師
竇主任松林先生
夏主任良玉先生
何主任興亞先生
黃主任滬生先生
成秘書鳳樑先生
陳主任紹宣先生
李主任燦榮先生
許主任峰治先生
林秘書坤明先生

第四桌：
吳館長明德先生
周秘書漢東先生
李毓堪小姐
徐獻武先生
李彥慧小姐
王博古先生
劉副主任美紅小姐
蔡秘書素女小姐
車台莉小姐
高麗華小姐
周淑貞小姐
秦組長亞平先生

第五桌：
洪股長宏亮先生
茅股長增榮先生
黃股長家健先生
高組長闓生先生
吳光華先生
林繼銘先生
蒲詠琴小姐
張淑玲小姐
萬延豔小姐
葉文輝先生
洪明陽先生
韋樹仁先生

第六桌：
羅股長吉雲先生
吳國強先生
馬千乘先生
呂傑華先生
鄭文雄先生
沈玉珍小姐
王沛菁小姐
李佩燁小姐
莊敏玲小姐
廖數有小姐
李秉漢先生
林福佐教官

第七桌：
陳秘書明芬小姐
黃慧鳳小姐
謝燕瀅小姐
徐慧蘭小姐
林月銀小姐
張香婉小姐
伍智駿先生
葉彥邦先生
周錫郎教官
楊松麟教官
高小仙教官
賴明俊教官

第八桌：
楊長基主任教官
唐瑞和教官
張義方教官
馬大明教官
陳國慶教官
趙之屏教官
查公正教官
曹祥炎教官
郭玉華教官
荊嘉婉教官
王寶貴教官
王肇航教官

第九桌：
許火利主任教官
張德英教官
詹源興教官
陳錫寬教官
劉亞凡教官
王力生教官
張茂榮教官
駱華嘉教官
廖文煜先生
呂秀梅小姐
張麗雪小姐
孔台生先生

第十桌：
林柏宏主任教官
韓大勇教官
林一熹教官
黃筱筌教官
孫晉興教官
吳曉慧教官
李建盟教官
雷慶餘教官
熊文娟教官
莊炫淦教官
王潤生教官
孫興民教官

第十一桌：
蔣先鳳教官
張靜芝小姐
鄭大平先生
陳國瑞先生
羅新竹先生
黃千訓先生
蘇鮮華先生
陳梅燕教官
王福燕教官
吳慧華教官